REAL KITCHEN & INTERIOR

人生を変える INTERIOR KITCHEN

夢をかなえるセオリーと15のストーリー

本間美紀
MIKI HOMMA

「人生を変えるインテリアキッチン」へようこそ

本を開いていただいて、ありがとうございます。
みなさんはキッチンを
もっと自分らしい場所にしたい、
そんな思いでここにたどり着いたのだと思います。
この本に書いたのは夢のキッチンを
実現した人の言葉の中から導き出した、
タイムレスなセオリーです。

「インテリアキッチンってなんですか?」

住まいや建築、
空間の目線から考えるキッチンです。
床や壁、家具との調和を考えて、
そこから調理の機能や収納を
落とし込んでいきます。
これまでとは違う考え方からはじまる
キッチンづくりです。
居心地のよさ、そして自分自身が
納得していることが大切です。

CONTENTS

2 「人生を変えるインテリアキッチン」へようこそ

第1章 7
THEORY
夢をかなえるインテリアキッチンのセオリー

8 Inspiration／インスピレーション　キッチンのはじまりが食じゃないこともある
10 View／ビュー　キッチンを遠目で見て、インテリアから考えます
11 Explore／エクスプロア　キッチン探し——足を運べば必ず何かが見つかります
12 Everyday／エブリディ　日々の家事の流れに何を組み込むか
13 Organize／オーガナイズ　ものとの付き合い方を、考えることが収納
14 Material／マテリアル　いま、一番楽しいのが素材選びです
15 Elements／エレメンツ　家具や照明で完成、同時進行で選びたい
16 Visit & Start／ビジット＆スタート　必ず予約を入れて。キッチン相談時のマナー
18 Destination／デスティネーション　完璧なキッチンなんてない、みんな「育てて」いる

第2章 21
STORY
あきらめなくてよかった！ 私らしいキッチン、10のストーリー

22 01 Tool freaks　道具は合羽橋のものばかりで
30 02 Wonderfully together　家族とつながることがテーマでした
38 03 Peaceful place　穏やかに調和する場所
46 04 Industrial chic　『オールドビーンズ』が香る場所
54 05 Crafted by nature　森のようなキッチンに出会えた
62 06 My days at home　ある日、私のおうちで
70 07 Allure of light　キッチンに光が流れる
78 08 Place of the morning sun　朝の光に溶ける白
86 09 Welcome home　『お帰りなさい』が似合う場所
94 10 Taste maker　二人が好きなもので満たされています

102 キッチンの新しい考え方

第3章 107

APPLIANCES

憧れのビルトイン家電にトライしよう

108 Advantages／4つのメリット――ビルトイン家電の基本を知る
110 Dishwasher／食器洗い機――家族の時間を生み出す
111 IH cooking heater／IHクッキングヒーター――空間をすっきり見せる
112 Gas & oven／ガスコンロ&オーブン――料理好きが愛する
113 Fridge & cellar／冷蔵庫&ワインセラー――もうひとつのパントリーに

114 11 Cherishing house works　家事がとっても楽しいんです
118 12 Always with organic foods　そのままの味をいただきます

第4章 123

BACKGROUND

キッチンはインテリア。そのはじまりはヨーロッパから

132 13 German kitchen　人生が詰まっているようなキッチン
136 14 Italian kitchen　都会暮らしのファミリーはミラノスタイルで
138 15 French kitchen　〝道具が語る〟パリのキッチン

140 あとがき

Part 1

THEORY

夢をかなえる
インテリアキッチンのセオリー

Theory:1　インスピレーション

Inspiration

直感を信じる

キッチンのはじまりが食じゃないこともある

キッチンというと食や料理が好きな人がこだわるもので、自分には縁がない、と思っていませんか？

キッチンの取材をしていると、意外なエピソードに出会うことがあります。キッチンづくりに成功したみなさんの多くは、キッチンの外からヒントを得ているのです。

「カフェのインテリアを見て、こんなキッチンがいいな、とひらめいた」「お気に入りの北欧デザインの照明があって、それをキッチンに吊るしたいと思ったのがはじまり」「マンション暮らしのときに、集めていたデザイナーズチェア。それが似合うダイニングやキッチンにしたかった」「イタリアで泊まった真っ白な空間と青いタイルのある空間がイメージ」。そんな楽しいお話を聞くことがとても増えています。

しかも多くの人が「キッチンでは料理ばかりしているわけではないです」と話してくれました。料理の写真を撮ったり、お花を切って活けたり、クラフトの作業をしたり、アイロンをかけたり、アトリエのようでもあり、ユーティリティでもあります。

キッチンとは暮らしを整える軸になる場所になりつつある。取材をすればするほど、私にはそう感じられました。アイディアは意外なところから自由に発想していいのです。

キッチンに置かれるものもずいぶん変わりました。おしゃれな電気ケトルやフードプロセッサーといった便利な調理道具たち。本格的なパンやお菓子の焼けるオーブン。便利で楽しいものが入ってくる一方で、かかる時間や手間を慈しむような、昔ながらの道具も愛用されています。重いけれどじっくりと熱を通す鋳物の鍋。金物網や天然素材のかご、ざる、使い込まれたリネン。ごはんを炊くための土鍋や、よく切れる包丁と砥石。モダンな空間の中に、そんな道具が置かれている光景も、珍しくありません。料理の情報をめぐる環境も変わって、世界中の食材がすぐに手に入るようになり、身の回りにはつくりきれないほどのレシピの情報であふれています。

キッチンで使いたい道具や家電、つくりたい料理、やりたいことが増えるにつれ、求められるキッチン空間も変わっています。家づくりやリフォームの最後に、カタログから選ぶものではなく、初めにイメージをふくらませて、暮らしや家の中心としていく。そんなふうにキッチンが考えはじめられています。

ダイニングセットをそろえるときに、家具と一緒につくる。服を仕立てるように、美しい素材を合わせてみる。一からオーダーメイドして、自分らしさを実現する。キッチンと照明や家具のデザインをコーディネートしてみる。さらに床なども、掃除のしやすさよりは、さわり心地のいいことを優先したい。そう考えて、無垢の木やタイルを選ぶ人も増えました。

そしてキッチンから見えるものは、窓の景色、お気に入りの照明やダイニングテーブルやチェア、家族がくつろぐソファです。キッチンは家事をすませる場所ではなく、ずっと過ごしたい、お手入れをしながら丁寧に使い続けたい、自然にそう思える場所になっているのです。


取材の中からわかったことですが、キッチンづくりに成功している人は、料理以外の〝マイテーマ〟を持っていました。旅、映画、色、料理、お花、アート、レストランやホテル、趣味。キッチンの依頼先に、収納や機能だけではなく、こういったキーワードや自分たちらしいテーマを伝えてみると、自分では発想できなかった提案があるかもしれません。

自分のキッチンに3つのキーワードを当てるとしたら何でしょうか？　私がよく取材で聞く質問ですが、いくつかの答えを紹介しますね。「ようこそ、ときめき、癒し」「愛犬、料理、インテリア」「家の中心、栄養、クール」「シンプル、眺望、夫婦が語らう場所」「料理、家族、リフレッシュ」「白、スタイリッシュ、観葉植物」「自転車、コーヒー、無機質」「基盤、経年、くつろぎ」などなど。みなさん、とても自由だと思いませんか？

インテリアを考えるようにキッチンをつくる。そんな時代がはじまっています。

Theory:2 ビュー

View

引いて眺める

キッチンを遠目で見て、インテリアから考えます

キッチンを遠目で見る。私が伝えてきたことの中でも、よく「心に残った」「ハッとしました」と言われるのが、このフレーズです。それはどうしてなのだろうと考えました。

家づくりやキッチンプランは初めてという人が大半でしょう。住宅展示場や設備機器、家具のショールームに行くと、まず何を見ていいかわからず、ものに近づいてしまいがちです。そして接客は必ず細かな説明や機能の解説からはじまります。日本人は真面目ですから話すほうも聞くほうもどうしても「近目」になりがちですね。

情報は頭にたくさん入ってくるけれど、心では自分は何がほしいのか、家族にとって何がいいのか、わからない。そんな状況になっていませんでしょうか？　そんなときはものから距離を置いて、遠くからキッチンや家具を眺めましょう。本当は飲み物を手に、少しぼうっとして見るのが良いです。空間を感じましょう。素材の色や質感を眺めてみましょう。何が見えましたか？

実はこれ、私が数多くの取材の中から見いだした、「何かを知る」ひとつの方法です。ジャーナリストはただでさえ、人より情報が多く提供されます。限られた時間の中でたくさんの場所を回り、ものをじっくりと詳細に見ます。そんなとき、コーヒーやお茶、ラッキーな場合は一杯のワインをすすめられることがあります。私はいつも遠慮せずにいただき、せわしなく動いていた頭や足を止めて顔をあげて、まわりを眺めることにしています。すると思わぬ何かが見えてくるのを、何度も体験しています。

改めて考えてもらいたいのが「遠目で見る、インテリアとしてのキッチン」です。まず床や壁の天井から、キッチンの素材感の全体のイメージを決めます。次に家電や収納、合わせる家具などを落とし込んでいきます。来客や家族からキッチンがどう見えるかを想像します。意外と大切なのは光との関係。窓や照明の位置で、キッチンの素材の感じ方は変わります。朝ごはんから夕食、眠る前のひとときまで、1日使う場所がキッチンです。

Theory:3　エクスプロア

Explore

足を運んでみる

キッチン探し——足を運べば必ず何かが見つかります

実際に見て、さわって、キッチンをつくる人と話してもらわなければもう伝えきれない。この思いに確信を持ったのは、取材でショールームをめぐる撮影に出たとき。カタログ写真のキッチンと、空間の中で見る実物は良くも悪くもかなり違います。「たった1日回っただけなのに、写真だけ見てわからなかったキッチンの違いが感じられてきた！」と驚きました。写真やカタログの情報だけでは、実感できなかった「自分に合うもの、合わないもの」。それが何か感じられるはずです。

キッチンはどうしてもプロの手を借りてつくるものです。自分自身の整理と同時進行で、商品やメーカーを知ることが必要になります。実物を見に行ったとき、さっと見てすぐに帰らないで、ちょっと無駄な時間が大切です。いつの間にか、いろんな「風景」が見えてきます。窓や天井の高さとキッチンの大きさのバランス。同じような木目でも印刷によるメラミン材の場合やツキ板、無垢の木では違う表情を持つこと。白や黒といった単色の表現でもいろいろあること。ワークトップはどんな素材が手になじむのか、シンクは？　水栓は？　クックトップは？

そのとき、鍵になってくるのは「キッチンでのシーン」。頭の中に何が浮かびましたか？家事をしていると見える、リビングで遊ぶ子どもたちの姿。夫と一緒に挑戦する新レシピ。友人たちを招いてのホームパーティ。水栓を磨いて、気分転換している自分。中まできれいに仕上げられている引き出し。何が家族の毎日を豊かにしてくれるのか。イメージを持ちましょう。そこが揺るぎなければ、どこにコストをかけて何を削るのか、このキッチンメーカーでいいのか。あなたの中の答えが「これだ…！」と教えてくれます。

そして食とインテリアの空間のヒントは、レストラン、インテリアショップ、たくさんのところで見つかります。「寄り道」も楽しみましょう。せっかくのキッチンです。少しだけ人生の時間を使ってみませんか。

Theory:4　エブリディ

Everyday

暮らしを見直す

日々の家事の流れに何を組み込むか

調理家電やキッチン道具もお気に入りをそろえましょう。家事楽、時短だけではなく、いまは時間を上手に使って、楽しく丁寧に家庭の食事の支度をする人が増えています。豪華な料理じゃなくても、品数がなくても、手を抜いてもいいんです。自分らしく〝ホームシェフ〟になれるキッチンを実現しましょう。

オーブンやガスコンロなど、ビルトインの家電を料理の動線上にどう組み込むか、考えるのも楽しいですね。目の高さに入れるウォールタイプのオーブンなら、料理の出し入れも楽ですし、何よりキッチンのインテリアでゴージャスな顔になってくれますよ。

食材を洗ったり、切ったりする一連の作業では、包丁やボウルと同じように手に触れるのが、水栓であり、シンクです。シンクは深くなり、中にリブ（段）がついて、まな板プレートや水切りバスケットが渡せるシステムシンクが調理動線の考え方を変えています。

そして食器洗い機は多くの人が関心を寄せる設備。調理のすぐあとにもキッチンがすっきりとして、気持ちよく食事を始められます。もちろん食後の後片づけもあっという間。食後にソファでくつろぐためにも、インテリアキッチンでは必須の設備といえます。

さらに最近ではランドリーもキッチンに取り込まれはじめています。ドラム式の洗濯機や乾燥機をキッチンに組み込み、アイランドキッチンのワークトップにアイロン台を乗せて、アイロン掛けをすませるという人にも取材で出会いました。

賃貸マンションや建売住宅での生活経験から、キッチンの設備には期待していない。そう思っていませんか？　それはもはや時代遅れになっているかもしれません。技術やデザインは進化し、暮らしの大きな助けになっています。10年前の知識のままではもったいない。いま、キッチンづくりでは、暮らしの質をアップグレードしてくれる家電や設備を「自由に選べる」ようになっているのです。10年前の常識を捨てて新しい技術に出会えば、暮らしはきっとより良く変わります。

Theory:5　オーガナイズ

Organize

しまうより生かす

ものとの付き合い方を、考えることが収納

キッチンの収納に関しては「必要以上にものを持たない」という意見が圧倒的です。

　これまでの取材で私はあえて、収納ノウハウ的な情報は避けてきました。なぜなら取材をしていると、収納でもっとも大切なことを知るからです。それは量よりも質の収納、〝しまう〟よりも〝生きた〟収納です。例えばキッチンの実例では天井からの吊り戸棚や床下収納をつくる人がとても少なくなりました。「手が届かないなら、死蔵品がたまるだけ」と思い切って収納を減らし、その代わりにキッチンに自然光を取り込む窓を設ける人もいます。キッチン収納を大きくするよりも家全体の間取りを見直し、出入りがしやすいパントリーをつくってそこにストック食材や季節ごとの道具をしまうケースも増えました。

　キッチンそのものが大型化し、引き出し式が増え、収納は奥まで無駄なく使えるようになりました。するとキッチンが食器棚を兼ねるようになり、スペースはより効率よく使えるようになりました。「もっと食器が増えたらどうしますか？」と聞くと、多くの人が「そのときはものと向き合って、入る以上に持たないようにします」と答えてくれます。子ども用の食器やお弁当箱、水筒でいっぱいだった引き出しの中は、いつの間にか大人の食器に変わり、受け継いだものや長い目で選んだ食器や道具だけが残る。四季が変わるように家族の歴史が、ひとつの引き出しの中で移り変わる。そんなワンシーンを、取材で収納を開けるたびに何度も見てきました。

　たくさん入ることよりも、適した位置にものをしまえること、好きな料理道具を飾ったり見せたりできる場所があること。さらには扉や引き戸でキッチンをオン・オフでき、隠せたりオープンに切り替えられたり。キッチン収納の考え方はずいぶん変わっています。ストレージ（収蔵）ではなくオーガナイズ（整頓）なのです。家事の考え方も変わっているなあと思います。働く女性が増えて、社会での経験値が増え、みなさんのキッチンの機能的なことといったら、まるで「パーソナルオフィス」のようだと思うこともあります。

Theory:6　マテリアル

Material

質感を見つける

いま、一番楽しいのが素材選びです

最近の取材で「キッチンは色や素材を一番に考えた」という言葉を何度聞いたでしょうか？　多くの女性がファッションやメイクで色や質感を楽しむように、キッチンの色や素材を〝コーデして楽しむ〟考え方が当たり前になってきました。

キッチンの素材は大きくキッチン天面のワークトップと扉材に分かれるでしょう。この素材が、リビングやダイニングから見たときに、キッチンをテーブルや床と調和した「暮らしの景色」としてくれるのです。

ワークトップはオープンキッチンでは予想以上に広く目に入ってくるところです。料理をしながら毎日見つめるところですし、オープンキッチンではダイニングテーブルに近い面積を持ちます。キッチンの扉材はリビングやダイニング側から目に入ってきます。ソファやダイニングテーブル、床や壁材のサンプルと合わせて、考えていきましょう。

いま、キッチン用の素材は機能が進化して、耐久性は大差ありません。それ以上に素材感、自分が好きか嫌いかが重要になっています。直感に従うほうが、多分正解です。

万能の素材はありません。人工大理石でもステンレスでも木材でも石でも、時間が経てば必ずなんらかの風合いの変化は起こるのです。でもその経年変化を自分が好きかどうか…それが大切で、長い目で見ればお手入れの手間に大差はありません。むしろ自分が愛情込めてお手入れしたい場所にしましょう。どんな素材も放っておかれたら、劣化する。その感覚は肌のお手入れとかなり似ています。

私は自宅のキッチンでは、ワークトップに無垢のチーク集成材を選びました。天然の木はいまだにキッチンのワークトップでは、避けられている素材です。15年経ったいま、水や油にさらされ、表面は流木のようになっていますが、私はやっぱり毎日の料理でふれるのは無垢の木が良くて、いまだにこれ以上の素材を考えることができないでいます。

これは本当に個人差があると思います。

Theory:7 エレメンツ

Elements

インテリアを楽しむ

家具や照明で完成、同時進行で選びたい

キッチンプランと同時進行で考えたいのが家具や照明選びです。暮らしのテーマやテイストの芯が通れば、あとはすべてを選ぶことができます。信じられないかもしれませんが、本当です。キッチンとダイニングテーブル、設備機器、収納、すべてが動線に自然にはまっていくのです。こういった要素をインテリアエレメンツと呼びます。

特にテーブルとキッチンの関係は変わっています。食卓とキッチンがぐっと近くなり、テーブルは素材やデザインのバランスを考えて選び、レイアウトされます。ワークトップがダイニングテーブルと一体になる。カウンターを設けて軽食コーナーにするなど、テーブルとキッチンがゆるやかにつながるプランも増えています。デザインが統一されるうえ、省スペース。つくる人、食べる人の距離も近くなります。

そんなキッチンを彩るのがダイニングチェアやキッチンスツール。デザインや種類をそろえず、ひとつずつ好きなものを並べるのも楽しいでしょう。さらにリビング空間とキッチンがつながる時代、ソファや照明などのバランスも大切です。キッチンからソファが見える、という間取りは一般的になりました。ソファの張り地やチェアと床、キッチンの色や素材感が合っているか、考える時間はキッチン選びの中でもとても贅沢な時間ですね。キッチン同様、いまは海外の家具ブランド、国産の家具メーカーやヴィンテージ、オーダー家具など選択肢は広がっています。そしてアイランドキッチンの上にアクセントになるデザイン照明を吊るすスタイルも定着しています。

家具と照明、キッチンを一緒にプランして提案してくれるお店も増えています。キッチンの扉材、ダイニングテーブルの天板、ソファの張り地、カーテンなどの素材サンプルのムードボード（サンプルを小さなボードやトレイにまとめて、空間の中での素材の響き合いをイメージさせる資料）を用意しているところもあります。

想像してみてください。キッチンから何が見えますか？

Theory:8　ビジット&スタート

Visit & Start

会って話してみる

必ず予約を入れて。キッチン相談時のマナー

キッチンショールームは敷居が高い、ふらっと見に行くのは難しい。そんな声をよく聞きます。実はそれは正解です。大切なマナーとしては必ず予約を入れてください。

インテリアキッチンのショールームは少人数で営んでいる会社が大半です。急な訪問に十分な対応ができないことがあります。大半がコンサルティング型のキッチンなので、展示してあるキッチンがすべてではありません。高額な商品や、背景の深いものが多いため、ぱっと見ただけでは理解できないものも少なくありません。デザインのトレンドを反映して、各メーカーの製品が近似値のデザインになってしまうことも多いため、ものだけ見たのでは違いもわかりにくいです。ショールームを持たない会社だってあります。やっぱり「人と話すこと」と前述した「ゆっくり眺めてみること」は必要です。

逆にキッチンのメーカーからこんな声も聞きます。「予約をしてお見えになれば、もっとちゃんと接客ができたのに」。さーっとものだけ見て、カタログをもらって帰られるだけでは残念、と思うそうです。お互い時間も予算もかける商品ですから、予約の手間や時間がかかるのは仕方ありません。早く、すぐに、手に入るものではありませんから、そこは覚悟を決めましょう。まだ何も決めていないけれど、まずは見てみたい！　という方は、予約時に本書の名前を出してもらって結構です。それだけで想いは伝わるはずです。そしてメーカー選びはランキングより自分とのマッチング。世界中に数多くのブランドがあるのは、それだけ違う志向の人がいるからなのです。

打ち合わせ時間は2時間が目安。キッチンプランナーもプロとはいえ人間ですから、長話は控えましょう。ただこちらの希望をダラダラと伝えるのではなく、自らも「頭を整理する」「決定する」という意識を持ちましょう。いつまでも迷ってしまうのは、キッチンのせいではありません。自分の中の答えを見つけられないからです。その場合はどんなに

他の人に相談してもことは進みません。

キッチンではなくても、素材や雰囲気のイメージ写真、実用的な要望だけではなく、なぜそのキッチンメーカーに興味を持ったか、どうして知ったのかなど、訪問のきっかけを伝えると、先方も話を進めやすいようです。具体的な希望がある人はそれを書き出していく。図面や予算、できる限りの情報を家族の中で整理して、持っていく。時間が限られているのもチャンスです。締め切りがある方が、決断はしやすくなります。

予算に関しては、警戒してしまう気持ちもあるでしょう。気になるキッチンの参考価格を聞いて、絞っていく。実際の施工例をもとに値段感を聞く。また譲れない設備機器や素材感などを決めておくと調整しやすくなります。収納は位置だけしっかり決めて、中はつくりこまないでプレーンにしておくなど、余白を残すことで削れる予算も見つかるはずです。安い早い便利といったものに流されるだけでなく、便利なものと手がかかるもの。合理的なものと非合理的なもの。その両方を自分で選ぶ賢さも大切になっています。

「大変かとは思いますが、気になったキッチンメーカーは実物を見ることと、その会社の人に会ってみることが大切と感じました」「イメージが明確ではないときは一旦プロに任せること。選択肢を少なめにして迷いをなくし、イメージを膨らませて考えること。使いやすさと美しさのバランスの落としどころを、自分なりに追求することだと思います」。取材の中ではそんな言葉も聞きました。

本書で紹介しているようなインテリア志向のキッチンメーカーは、ハウスメーカーや工務店、リフォームショップによっては、施工経験、流通や掛け率の問題から取引ができないといわれることも少なくありません。どうしてもこんなキッチンにしたいという場合は、住宅の建築会社より先にキッチンを決めて、対応してくれる会社を探す「逆引き」の考え方もあります。10年前はこんなことって考えられないことでしたが、最近はそんな勇気ある選択をする人にも大勢出会っています。

Theory:9 デスティネーション

Destination

自分にたどり着く

完璧なキッチンなんてない、みんな「育てて」いる

まだキッチンも家づくりも何も考えていないけど、何も決めていないときこそ、チャンスです。ベストなキッチンは、新築でもリフォームでも設計の前からイメージして同時に進めていくことで完成度が上がります。

100%完璧な家を建て、ひとつも不満のないキッチンをつくっている人はいません。どんなに考え抜いたつもりでも、予算をかけても、こうすればよかったとか、ここがこうだったなど、必ずうまくいかなかったところが見つかります。けれども家づくりに満足している人は、この先がすごいのです。そんなちょっと困ったところを、自分の工夫で解決して暮らす賢さと愛情があるのです。それはそれで認めて受け入れて、「つきあう」ことで、住まいを家族の空間に育てているのです。

8割OKなら、それはもう、大丈夫です。

「実際にキッチンをつくって使ってみて3年経つとほしいものも変化してきます。こだわりすぎず、つくり込みすぎず、詰め込みすぎず、余白を残しておくといいと思います」

「あきらめない、まわりの人と比べない、自分らしく、自分をもっと好きになれる場所、それが素敵なキッチンだと私は思います」

「プロの人も知らないことがある。相手に任せきりにせずに、自分でほしいものを探してみる。一歩踏み出してみること。それを伝えてみること」

これからキッチンをつくる人に伝えたいと、取材ではそんな言葉も預かっています。キッチンのプランを詰めていくと、コストや機能で迷います。そのときやっぱり居心地のよさは忘れないでください。キッチンは小さいけれど窓から景色が感じられる。キッチンの素材や色が気に入っているので、心を込めて掃除がしたくなる。テーブルと一体型のキッチンだからカフェにいるような気持ちになれる。そんな自分らしい居心地のよさを丁寧に紡いでいってください。

そもそも、水と火があり、加熱ができる。まな板や鍋があり、食材を切ったり、味つけができればそこがキッチン。料理が出来上がり、お皿が並び、人が集まれば、そこが食卓。そんな発想でキッチンを考えていったっていいのです。アウトドアでピザ釜などをつくるのも、キッチンづくりのひとつといえます。キッチンのこと、考えるのに疲れたときは、一度ここに立ち戻りましょう。

イタリアで手袋を買った人の話を聞いたことがあります。店主であるマダムはお客の手に滑り粉を振りかけ一本一本、指先まで押し込んで、手のひらの表や裏を返して眺めてみてその手の個性にかなう一組を探すそうです。キッチンも同じようなもので、家族のメンバーも食生活のスタイルも、インテリアの好みも違います。この世に誰にでも合う万能なもの、完璧なものはありません。探すのには時間がかかる。見つけるまで道のりがある。けれどもあなたの思いと探し当てたものとの個性がぴたりと合ったとき、その場所はその人らしく輝き始める。そんな現場を私は何度も目撃しています。最大公約数にとらわれた量産品にがっかりしたとき、この本を手に取って、自分を信じた人たちに出会ってもらえればと思います。

もう一度、お伝えしますね。迷ったとき、答えが見つかるのは自分の中、なのです。

〈自分らしいキッチンを見つけるためのＴＩＰＳ〉

- **ショールームをめぐるときは薄いトートバッグを持ちましょう。**
- **カタログをもらうとき、本当にほしいか考えて入れましょう。**
- **バッグに入る以上に入れたくなるときは、手を止めて一度考えましょう。**

Part2

STORY

あきらめなくてよかった！
私らしいキッチン、10のストーリー

TOOL FREAKS

“道具は合羽橋のものばかりで”

My REAL KITCHEN／1

Takayo's Kitchen

Kitchen:
Order kitchen

Brand:
ekrea

House:
Renovation

Location:
Chiba

奥行が1m以上あり、ゆったりと使える料理教室仕様のステンレスアイランド。ワークトップの手前が20cmせり出しているので、足が入って立ち仕事でも使いやすく。

Cast-iron pot over heats the best recipe

じんわりと味を引き出す、鋳物と炎で料理します

キッチンにある道具は、その人そのもの。そんなことを感じさせてくれたのが、たかよさんのキッチンでした。住まいは千葉県の住宅街。大震災を機にハウスメーカーで建てた住まいを改修することになったのが、キッチンリフォームのきっかけでした。たかよさんは自宅で小さなパン教室を開いています。ステンレスのアイランドキッチンは、7~8人の生徒で囲むこともあります。

―キッチン道具を見ていると、プロの厨房のようなかっこよさもあり、懐かしさや温かみも感じます。とりわけ目を引くのは、黒いお鍋たちですね。

「大半が合羽橋で買ったものです（合羽橋は東京にあるプロ用調理道具の専門街）。機能に徹した業務用の道具を自然に選んでしまいます。鋳物のじっくりと熱を通す感じが好きで、フランスの鋳物鍋やアメリカのキャストアイロンパン、日本の南部鉄器、羽釜まで、鉄のお鍋ばかりです。カッティングボードも無垢の木のものを何枚も使い分けていますし、ざるやかご、せいろなど自然素材を使ったものも好きです」

―その背景としてステンレスのシャープなキッチンが映えています。

「ほんとうは木が好きですけど、パン教室をしているから、キッチンは頑丈な素材がよかったんです。ワークトップから扉までステンレスでつくりました」

―ひとつの材料で潔く決めることが、たかよさんの心情にかなったのですね。

「ステンレスは見た目もですけど、お手入れもしやすいし、熱い鍋や食材を直に置いてもいい。ワークトップ自体が大きなまな板のような感覚で、自分にとって納得のいく素材であることが、すっきりした気持ちになれる理由でしょうか」

―オーダーキッチンを選んだ理由はなんですか？

「何件か検討して、工務店から紹介されたエクレアに決めました。担当者がベテランの女性で現実的な使い勝手をよく知っていたこと、過剰なデザインや機能を無理にすすめることのない点が信頼できました。私もサイズや収納に細かな希望がありました。アイランドキッチンも幅は2m65cm、奥行1m10cmとゆったりとしたサイズに指定しました」

――一般家庭向けのアイランドは奥行90cmが多いので、このキッチンはより広めの教室仕様ですね。

「生徒さんが立つ側の収納には、製菓やパンの道具を誰にでもわかりやすく収めています。扉を開くと誰もがどこに何があるかわかるんですよ」

――オーダーによる収納やサイズの自由度は、明確な目的があってこそですね。

「サイズの定まった既製のキッチンが置けない理由がもうひとつありました。アメリカのアマナ社の大型冷蔵庫を18年以上も愛用中で、1m近い幅があります。これを残して使い続けたかったんです。冷蔵庫の位置は悩みましたが、思い切ってキッチンの中心に持ってきました」

――冷蔵庫も大切なパートナーですね。

「大きな冷蔵庫はパントリーのような、クローゼットのような大切な相棒です。キッチンの窓から自然光を取り込みたいとも思いました。冷蔵庫が窓を塞ぐことなく、シンク、ガスコンロのどちらからも便利な位置に据えたかったし、その両脇に収納もつくりたかった。これも希望通りになりました。気に入った道具ばかりなので、出したままでも心地いいので、収納量というよりも、必要なものが適した位置にあることが重要だったんです」

取材当日、料理の様子を見せてほしいという急なお願いに、たかよさんはしばらく冷蔵庫の中を眺めていました。小さな鉄鍋で揚げ物が始まり、鋳物のオーバル鍋でアサリのアクアパッツァを仕上げ、鉄のミニフライパンでサラダ用の松の実を煎って、あっという間に3品の料理が完成したのです。鉄の道具が大活躍です。

柔らかい雰囲気を持ちながらも、きびきびと立ち働く、どこかかっこいいたかよさん。鍋からガスコンロまで、キッチンや道具がすっかり彼女の一部になっているのでした。

シンクも特注でつくっています。内側には洗剤を置くスペースも。シンクをぐるりと囲む溝は、水がワークトップ側に広がらないための水返しです。

Here's my long friend,
18年愛用の、アメリカの冷蔵庫 *18 years-old American fridge.*

ハンドルバーに使い込んだ道具を吊り下げる。布きんから茶こし、すりこ木、パスタメジャーまでひと目で見渡せます。「吊る」というのはやはり便利な収納法。

アケビなど蔓を編んだバスケット。自然素材の道具は置いてあるだけでほっとします。

「フランスではノルマンディー地方の料理やお菓子づくりを習ってきました」と、現地で買ってきた銅製の小さなカヌレ型。

両開きタイプのアメリカ・アマナ社製の大きな冷蔵庫。右は冷蔵、左は冷凍。アマナ社の冷蔵庫は現在でも、ツナシマ商事が扱っています。

Details

愛用の道具に囲まれた料理のアトリエ

料理教室用のわかりやすい収納

セルクルや型、ココットなどパン教室の道具を手前側の収納へ。開き戸でどこに何があるかがひと目でわかりやすく、生徒さんも出し入れが容易。

窓を生かしてリフォームをプラン

リフォームでは冷蔵庫の両脇に、既存のふたつの窓を残しています。キッチンに自然光が入ることはインテリアキッチンでは大切な要素。

大きな食器洗い機があれば

ドイツ・ミーレ社の食器洗い機。ボウル、大鍋をどんどん入れてしまえます。シンクが小さめですむのは、食器洗い機を持つ効果。ワークスペースを広くとれます。

コンパクトでも深い引き出し

冷蔵庫を挟んで両脇に収納をつくりました。どちらも幅90cm×奥行65cmで深さもあるので道具がたくさん収まります。天面には家電用コンセントもつけています。

参考にするレシピは洋書

「日本のレシピはあまり見ません。料理から盛り付けまで洋書を参考にすることが多いですね」と出して見せてくれたイギリスやフランスのレシピ本の数々。

業務用のガスオーブンを設置

長く愛用の業務用ガスオーブン。パン教室のときに威力を発揮します。ほかにもパン種をこねるプロ用のキッチンミキサーやハンドブレンダーなど、調理家電が充実。

Plan

冷蔵庫を中心に、窓を残したキッチンに

INFO

:HOUSE DATA

［家族構成］夫婦+娘２人
［工事形態］一戸建て改装
［キッチン空間の面積］15㎡
［キッチンのあるフロアの面積］30㎡

:KITCHEN SPEC

［キッチン］
ekrea order kitchen オーダーメイド製作
扉材：ステンレス扉（MDF 芯地バイブレーション仕上げ）
［ワークトップ］
ステンレス：バイブレーション仕上げ
［シンク］
特注オリジナル製作：バイブレーション仕上げ
［水栓金具］
グローエ：ミンタ
［レンジフード］
アリアフィーナ：アリエッタ「センターバルケッタ」
［食器洗い機］
ミーレ：G 4500 SCi
［ビルトインオーブン］
ミーレ：H 5040 B
［ガスコンロ］
リンナイ：デリシア
［浄水器］
シーガルフォー：浄水システム
［壁側キッチン収納］
キッチンと一緒にオーダーメイド
［冷蔵庫］
アマナ（ツナシマ商事）
［ガスオーブン］
業務用を採用

:KITCHEN

ekrea order kitchen
TEL03・5940・4450
https://ekrea.jp/

: キッチン平面図

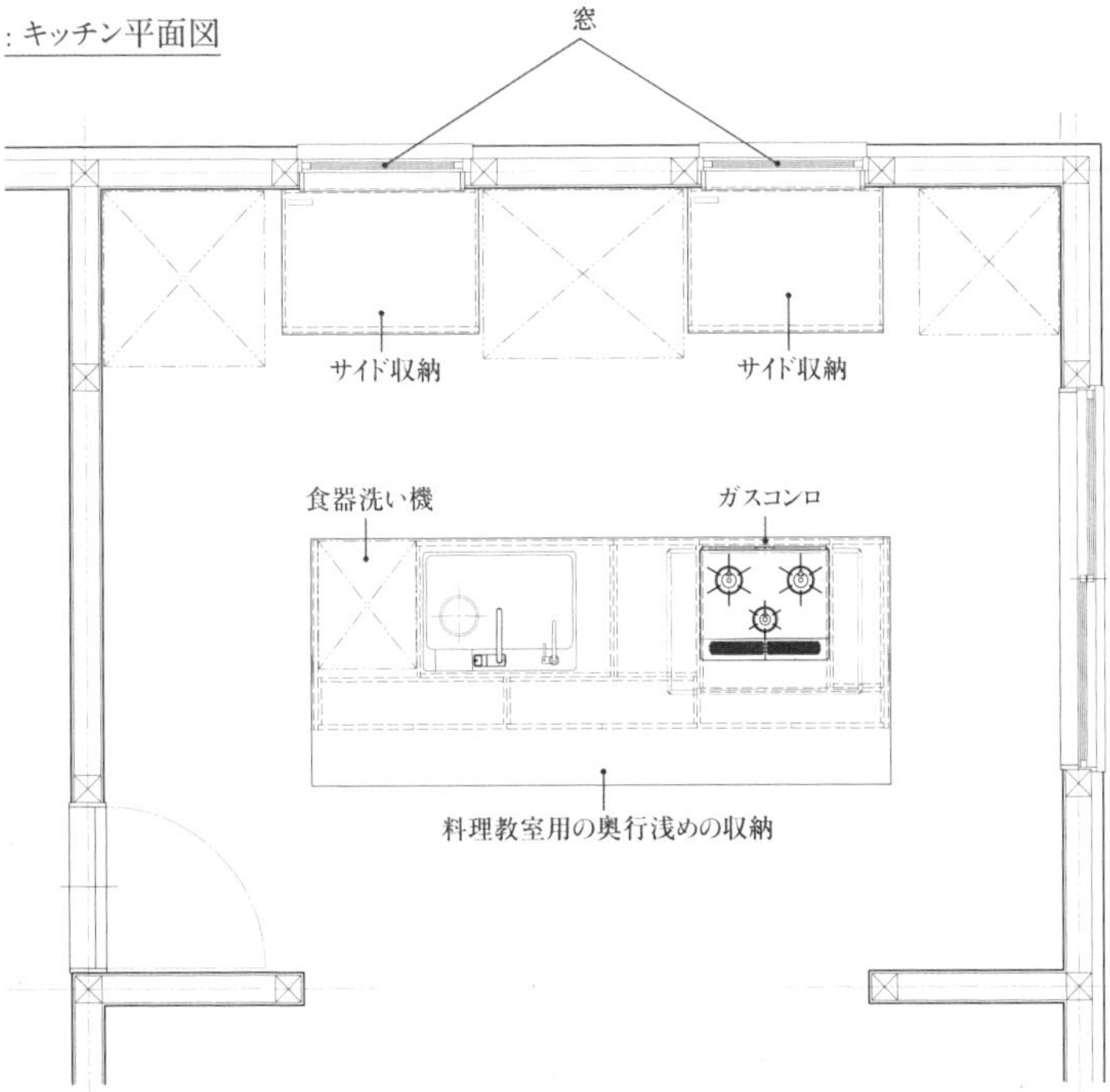

: キッチン窓側立面図

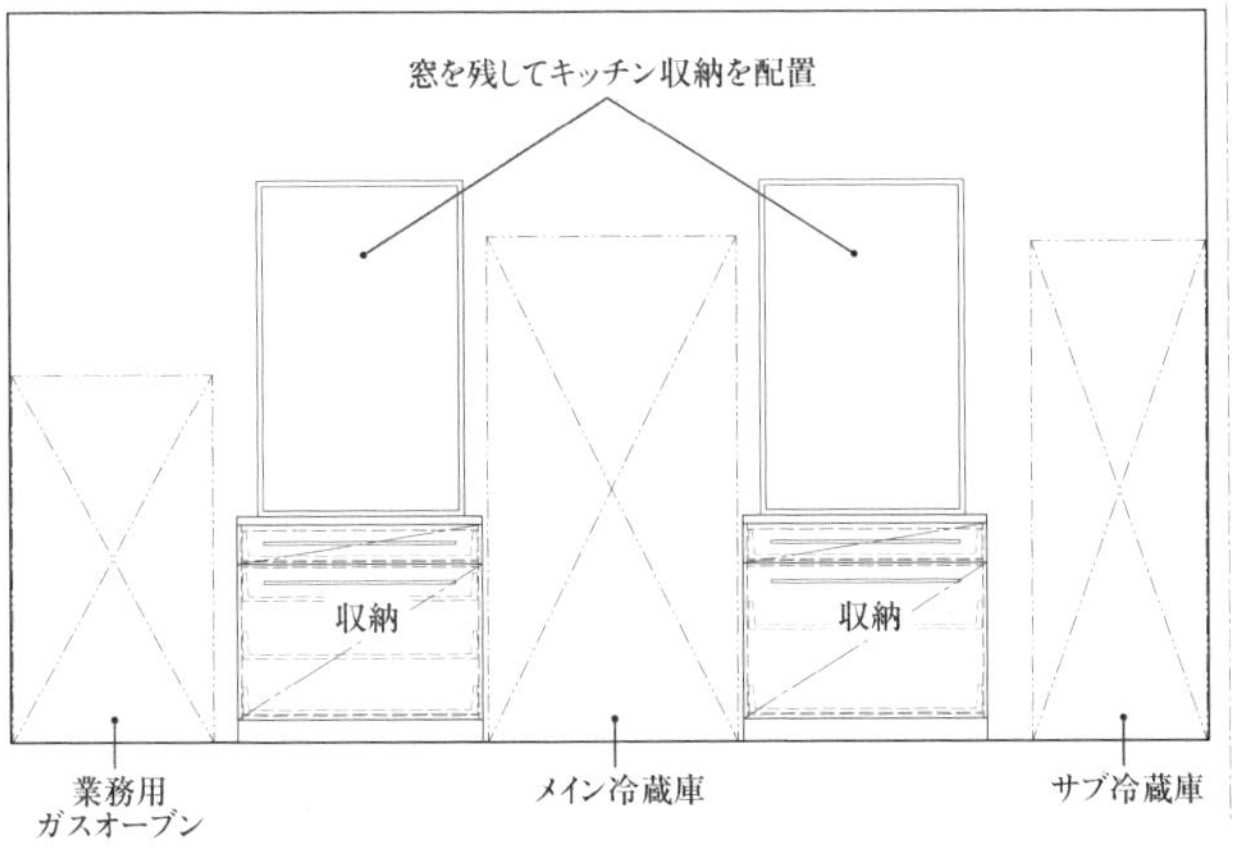

WONDERFULLY
TOGETHER

My REAL KITCHEN／2

Junko's Kitchen

Kitchen:
German kitchen

Brand:
bulthaup

House:
Mitsubishi Jisho Home

Location:
Tokyo

リビングからダイニングキッチンを見る。ドイツ・ブルトハウプのキッチンとテーブル、リビングボード（右側壁面）で統一された空間。村上隆のアートが飾られるなど遊び心もあるインテリア。

“家族とつながることがテーマでした”

The kitchen I wanted to wait for

待ってでもほしかった、世界一シックなキッチン

都内の住宅地に佇む小さな家。扉を開けるとキッチンからリビングボードまでドイツ・ブルトハウプ社のキッチンで統一された、リビングキッチンが広がります。家はハウスメーカーのシンプルな既製モデルですが、キッチンは〝世界一シックなデザイン〟を選びたかったという順子さんです。

「大学で建築を学んで、住宅やインテリアに関わる仕事をしました。家具や床材など一流の質感のものに触れる機会があり、毎日使うキッチンは絶対にいいものにしたいと思っていました。ポイントは予算のバランスです。箱である住宅は若い世代向けに企画された既製のモデルでコストを抑え、キッチンは施主支給という形でドイツのブルトハウプを選びました。ハウスメーカーの住宅は窓やドアの形やサイズに制限がありましたが、自分のイメージは思い切りキッチンで表現しました」

——リビングボードもブルトハウプでそろえているのですね。

「ブルトハウプは一般のキッチンのようにキャビネットを組むというより、壁に耐荷重のあるフレームを設置して、その中にウォールパネルやキッチンやリビングの収納を吊る仕組みです。構造的に面白いと思い、リビングボードもブルトハウプでそろえることでデザインの統一感と浮いたような感じが出ました」

——キッチンのテーマは何でしたか？

「家族との一体感ですね。仕事の帰りに買い物に寄って、子どもを迎えに行って、大荷物抱えてバタバタ帰宅します。けれどもいいキッチン空間が迎えてくれると、とても気持ちがいいです。夕食の支度をしながら子どもの様子が見られますし、子どもたちがカウンターに腰掛けて、今日の出来事を話してくれることもあります」

――加熱機器はお料理のスタイルから選んだのですか？

「茹でたり、蒸す料理が多いので、加熱が穏やかなIHクッキングヒーターを選びました。焼く料理のためにハイカロリーの1口ガスコンロを備えました。デザイン、品質、ブランドイメージでガゲナウ社に決めましたが、オーブンは電子レンジ付きがほしかったのでミーレです」

――食器洗い機を選んだ理由は？

「子どもの小皿やお弁当箱が出るので、小皿を入れやすい4段バスケットのあるアスコ社の食器洗い機を選びました。個人的にはバスケットの色がグレーなのも気に入っています。インテリアがグレイッシュなので、なんとなく似合うんです」

――ブルトハウプを使ってよかったなあとどういうところで思いますか？

「感動するのはブルトハウプオリジナルのキッチンツールや収納パーツの数々です。引き出しの中は木のスリットが入っていたり、底面に波状のリブに、カトラリーが収まります。さらに入れるもののサイズに合わせてガラスのパーツで仕切ることができます。小麦粉やスパイスのボトル、カッティングボード。あとから合うものを探すのは難しいですが、最初から思い切ってブルトハウプのものでそろえました」

――キッチンの素材のコーディネーションはどう考えましたか？

「扉材はマットなクレイ色のラミネート材で、テーブルもブルトハウプの標準品で一緒にオーダーしました。どちらも丈夫でお手入れがしやすいです。壁面ワークトップはシーザーストーンのリネン色。アクセントとして壁のパネルやバーカウンター材をナチュラルなオーク材のツキ板に。床は無垢のフローリングにしたかったのですが、予算がかなり上がるため、キッチンの色目とぶつからない白っぽいツキ板の床材でバランスをとりました」

――海外キッチンの納期は長いですが、実際はいかがですか？

「前年の12月にプランが決まって、届いたのが6月だから半年！　納期は長いです。でも一生使うものですから、待ってでもほしかったです」

専用のアクセサリーや引き出しの中の収納パーツも同じ世界観のデザインで統一されている。「引き出しを開けるたびに幸せな気持ちに」と順子さんが感じる瞬間です。

Moment that I cherish in a day

今日あったこと、子どもたちが背中越しに話してくれる

壁にはめられるペーパータオルホルダーや包丁差し。

北欧風の小物でリビングを飾る。

壁面に専用のフレームを設置し、キャビネットを吊るブルトハウプ独自のシステム。オーク材の壁面パネルやクレイ色の収納が調和。

直線的なドイツキッチンにデンマークのカール・ハンセン&サンの「Yチェア」を合わせています。キッチンの色はクレイ色というグレイッシュなトーン。

Details

美しいキッチンに使いやすい工夫を

調理スペースになる特注シンク

シンクはオリジナルで製作し、深さ19㎝と浅めにしてさらに中に段をつけています。水切プレートは野菜を洗うなど下ごしらえの場所としてとても便利です。

子どもたちと会話できるカウンター

バーカウンターはオーク材のツキ板で、表面に凹凸感のある手触りのいいものを選んでいます。「面白いねって、料理の様子を見ていてくれます」

IHとハイカロリーバーナーを選んだ理由

ドイツ・ガゲナウ社のIHクッキングヒーターは操作しやすい操作ダイヤルで、マグネット式で脱着可能。ハイカロリーバーナーは直径30㎝までの鍋に対応します。

ダイニングテーブルもキッチンと一緒に

「キッチンのデザインの完成度が高いので、あとから合うものを探すのは大変です」と、キッチンと一緒にオーダーしています。サイズも色も大正解でした。

最初からそろえた専用アクセサリー

専用にデザインされた収納アクセサリー。「事前に現物を見ることはできませんでしたが、カタログで見て間違いないとキッチンとまとめて購入しました」

カトラリー収納をテーブルと近い位置に

テーブルと同じ高さにカトラリーの引き出しを。「距離が近くてカトラリーを並べやすいです」。テーブルの位置とキッチンを同時に計画するメリットです。

Plan

用途が広がるバーカウンター付きキッチン

INFO

:HOUSE DATA

［家族構成］夫婦＋子ども
（保育園、小学校低学年）
［工事形態］新築一戸建て
［キッチン空間の面積］14.90㎡
［住宅設計］三菱地所ホーム

:KITCHEN SPEC

［キッチン］
bulthaup（ブルトハウプ）
ドイツキッチン
モデル：b3
扉材：Laminate（cray2）
ウォールパネル材：oak structure natural
（grey dull mat）
［ワークトップ］
クオーツストーン：シーザーストーン
（2230 リネン）
［シンク］
オリジナルステンレス製作
［水栓金具］
ハンスグローエ：アクサーチッテリオ
［食器洗い機］
アスコ：D5554
［IH クッキングヒーター］
ガゲナウ：CI 261 112（4口タイプ）
［ハイカロリーバーナー］
ガゲナウ：VG 231 234 JP
［ビルトインオーブン］
ミーレ：H 6800 BM（電子レンジ機能付き）
［レンジフード］アリアフィーナ

:INTERIOR SPEC

［床材］
EIDAI：プレミアムオーク
（うづくりホワイト色）
［リビングボード］
ブルトハウプ：b3（キッチンと同素材）
［ダイニングテーブル］
ブルトハウプ：C2
［ダイニングチェア］
カール・ハンセン＆サン：Y チェア
（オーク材無塗装）
ストッケ：トリップトラップチェア
（ツキ板張り特別仕様）
［ハイツール］ボナチナ：Miss B
［ソファ］無印良品

:KITCHEN

プランと販売：クライス＆カンパニー
キッチン：ブルトハウプ（ドイツ）
TEL03・6418・1077
https://tokyo.bulthaup.com

: キッチン＆リビング平面図

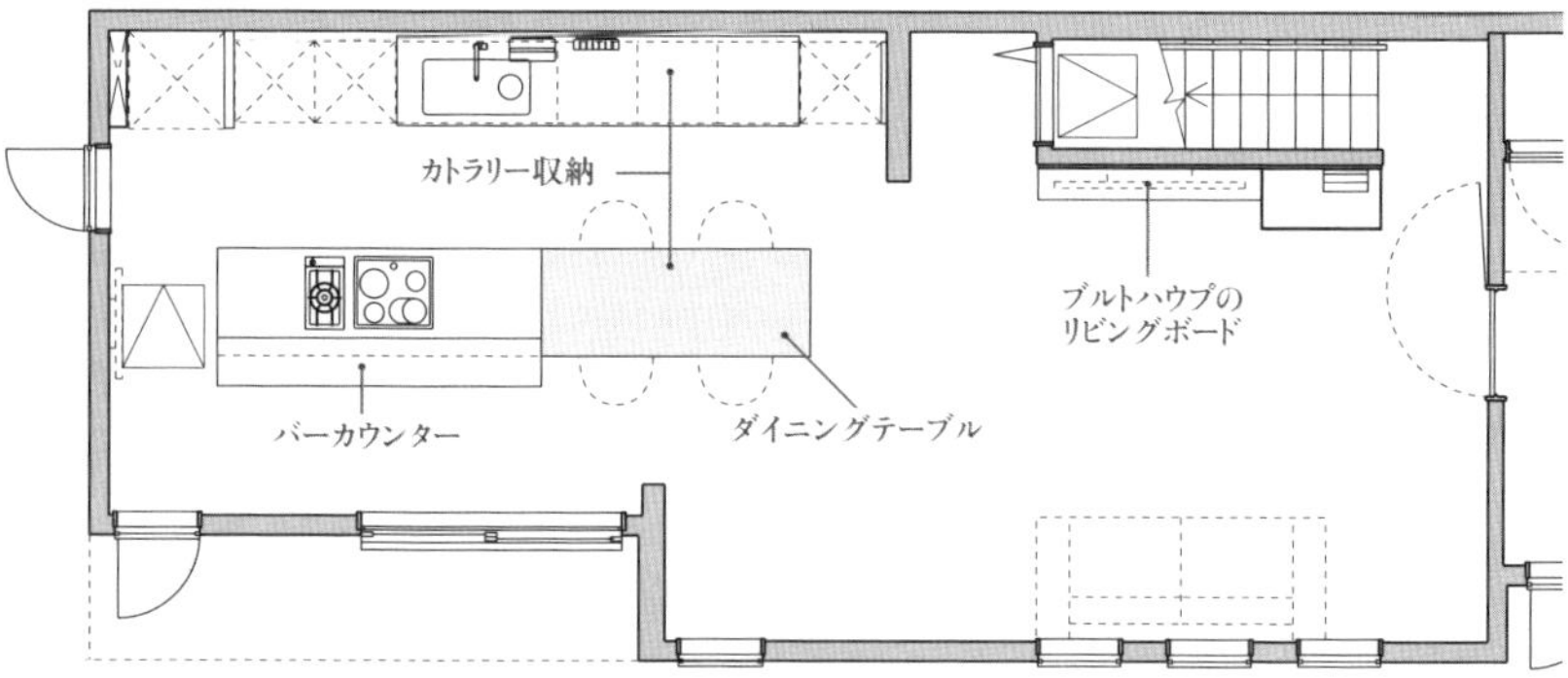

: 壁側キッチン詳細図

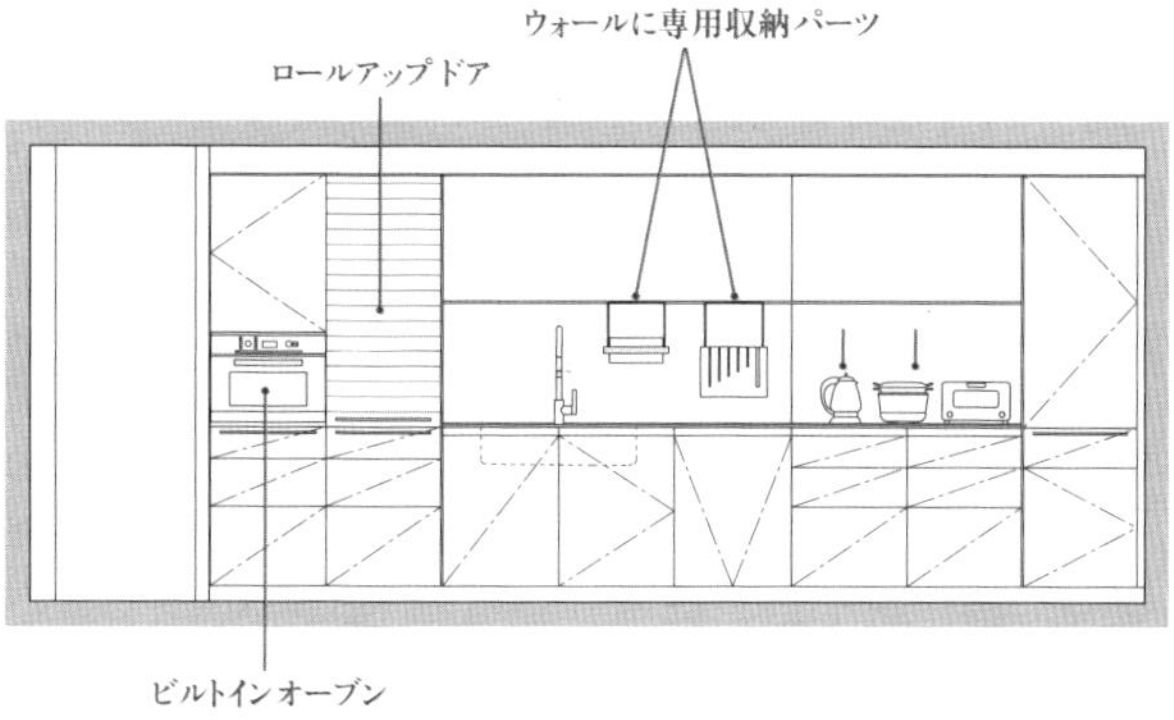

: アイランドキッチン詳細図

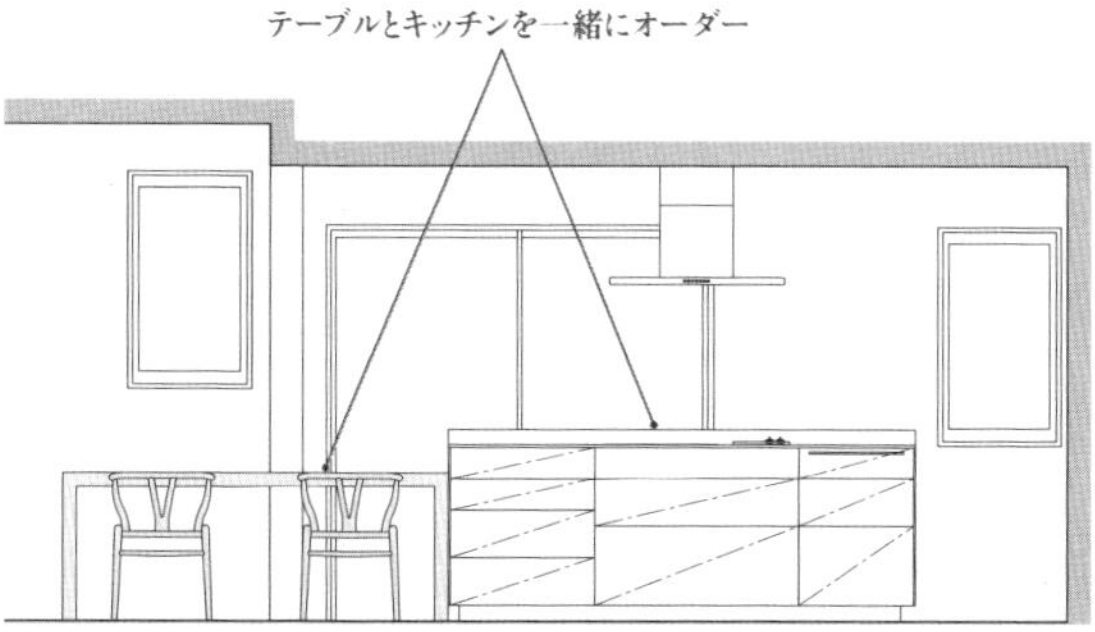

PEACEFUL PLACE

“穏やかに調和する場所”

My REAL KITCHEN / 3

Kaname's Kitchen

Kitchen:
Haut couture kitchen

Brand:
amstyle

House:
Hiroyuki Aoshima

Location:
Niigata

キッチンはアルミ材を電解着色したシルバーブラウンカラー。アルミの板を折り曲げて加工してあり、角部が少し柔らかな雰囲気に仕上がるようにしている。

A reflection of my wonders

キッチンで響き合う何かを求めて

和紙のような淡い色合い。くすんだような金属の輝き。光を溜《た》めるような塗装のつや。まったく違うような素材でありながら、かなめさんの心の中では、それがひとつに溶け合っています。そんな思いを空間にしたような場所が、キッチンダイニングとリビングでした。ダイニング側のペニンシュラキッチンは、床のウォルナット材になじませた、アンティークのようなくすんだ金色に見えます。

—キッチン扉のシルバーブラウンという色は初めて知りました。

「ブラッシュドアルミのシルバーブラウンといって、自然光が当たると金色のように明るく、夜はシルバーのように落ち着きます。角部が少し柔らかな雰囲気に仕上げてもらいました。素材感が豊かなのに傷もつきにくいし、愛着を持って使うことができます」

—はかないような、強いような表情を持ちますが、素材の質はいかがですか？

「和紙に金粉を刷《は》いたようなマットな表現です。ワークトップはセラミック。セメントグレーのサテン仕上げです。何色ともいえない不思議な色が重なる色合いは、わが家のステンドグラスともよく調和しています」

—ステンドグラスですか？

「わが家は窓や壁、ポイントになる位置にステンドグラスを使っていますが、色合いはすべて作家の櫻井弓子さんにお任せしました」

—キッチンの引き出しの中まできれいな家具のようです。

「キッチン全体が金属を使ったデザインなので、引き出しの内側はウォールナットのウッドボックスで柔らかさを出しました。調味料などボックスを取り出して、料理の場所に出しておけますから、大人数でも使いやすいんです」

――大人数で料理されるんですか？

「はい。お盆やお正月は親戚がたくさん集まりますし、休日は夫も料理の腕をふるいます。IHクッキングヒーターとハイカロリーバーナー、オープングリルの間は10㎝ずつ空けました。両脇に調理スペースができて、並んでも調理がしやすいと思います。家族みんなが使う場所ですから、傷や汚れを気にせず、どんと構える自信も持ちたい。誰かが使うたびにハラハラしているのは本末転倒。夫と子どもはもちろん、親兄弟が手伝ってくれて、そのよさを共有できる。そんな場所にしたいですね」

――キッチンづくりのパートナートはアムスタイルです。建築空間と調和した美しいクチュールメイドのキッチンで知られます。この家とは新幹線で通うほどの距離がありますが、そこまでしてお願いしたかった理由はなんですか？

「インテリア雑誌でアムスタイルのキッチンは知っていましたが、自分にはシャープでハードすぎると思って、縁がないと思っていました。設計を依頼した建築家の青島裕之さんに推薦されて見に行くと、白、黒、グレー、アルミ色。強い色はひとつもないのに、かすかな色味の違いをいくつも出してくる扉材のサンプルに魅了されました。一方でフォルムがシャープすぎると感じる中で、角や仕上げ方で柔らかな雰囲気になると説明があり、私がイメージした雰囲気を表現してくれると確信しました」

――かなめさんのその繊細な色の感覚はどこからきているのでしょうか？

「祖父が表装師という家で育ち、書画や屏風など多様な絵画や素材に触れる機会が、幼いころから多くありました。私自身はヴィオラを演奏し、同じ楽譜でも奏者によって変わる、人によって表現の違いが生じる経験も持っています。キッチンブランドもカタログの写真では同じように見えますが、実際の表現は会社によって違うことを感じました」

　繊細な素材感と色が響き合い、自身の美意識と人生経験を積み重ねたようなキッチン。かなめさんの言葉には、深い真実がこもっているように思えました。

ウォルナットのウッドボックスは6㎜、9㎜の薄い無垢材で組み立てられている。軽く強い、料理を支える秘密の箱のよう。

A kitchen and furniture for life

一生愛せる家具とキッチン

キッチンの扉材はアルミ材を電解着色したシルバーブラウンカラー。

ダイニングテーブルはカッテランイタリア社。脚は交差したスチールで、彫刻のよう。グレージュカラーの革張りのチェアは、イタリアのモルテーニ社。

加熱機器はワークトップの端に寄せるプランが一般的ですが、かなめさんは中央に。「加熱部それぞれの両脇に調理スペースができて、二人で調理がしやすいと思います」

Details

使いやすいから穏やかな空間を保てる

飲み物専用のキャビネット

フラップダウンドア（前倒し式）で、中のものが一望できる。日本茶、ワイン、紅茶など、飲み物別に収納してあるのがかなめさんの工夫です。

朝のコーヒーもさっと出せる

右・グレーのつやあり塗装で仕上げたキャビネット。食後のコーヒーを入れるコーナーとして、引き出しはカップが並べられる深さに。朝食の用意もスムーズ。

スパイスとツールを立体的にしまう

幅の広い引き出しをインナードロワー（内引き出し）スタイルで整理しやすく。表は１枚の扉に見えますが、中は２段になっています。

美味を生み出すコンロやグリル

ドイツ・ガゲナウのハイカロリーバーナー、２口IHクッキングヒーター、バーベキューグリル。マルチクッキングシステムは、家族が集まる日に大活躍。

水仕事やゴミ捨てもスムーズに

右・スクエアで大きなシンクはヘッドが引き出せる水栓に。左・シンクの脇に引き出し式のゴミの種類ごとに分別できるダストボックスを。

炊飯器とお茶碗――炊きたてを食卓に

右・壁にはスイングアップ式扉の収納。炊飯器とご飯茶碗を入れた白米専用の引き出し。左・ビルトインオーブンの下には耐熱食器用の引き出しを。

Plan

それぞれの収納に明確な目的がある

INFO

:HOUSE DATA

［家族構成］夫婦＋娘
［工事形態］新築一戸建て
［キッチンのあるフロアの面積］69㎡
［キッチン空間の面積］28㎡
［住宅設計］青島裕之

:KITCHEN SPEC

［キッチン］
amstyle オーダーメイド製作
扉材：ブラッシュアルミ扉（シルバーブラウン）
［ワークトップ］
セラミックパネル：ネオリス
（セメント　サテン仕上げ）
［シンク］
特注オリジナル製作：ステンレス1.5㎜厚
（バイブレーション仕上げ）
［キッチンパネル］
セラミックパネル：ラミナム（コレクション）
［水栓金具］
コーラー：K-649 ＋ソープディスペンサー
［レンジフード］
アリアフィーナ：センターロレーナ
［食器洗い機］アスコ：D5554
［ビルトインオーブン］ミーレ：H 5040 BM（電子レンジ機能付き）
［スチームクッカー］ミーレ：DG 5061
［ハイカロリーバーナー］
ガゲナウ：VG 231 234 JP
［IH クッキングヒーター］
ガゲナウ：V1 230 134
［バーベキューグリル］
ガゲナウ：VR 230 434
［ダイニング収納］
キッチンと一緒にオーダーメイド
扉材：鏡面塗装仕上げ（ライトグレー）

:INTERIOR SPEC

［ダイニング床材］
マルホン：ウォルナット挽板材
［ダイニングテーブル］
カッテランイタリア：スパイダーウッド
（天板ウォルナット材）
［ダイニングチェア］
モルティーニ：アウトライン
［ソファ］アルフレックス：メルカド
［ステンドグラス製作］櫻井弓子

:KITCHEN

［オーダーキッチン製作］
amstyle
TEL03・5428・3533
https://www.amstyle.jp

:ARCHTECT

青島裕之建築設計室
TEL03・5790・7601
http://aoa.co.jp

:中央のキッチン詳細図

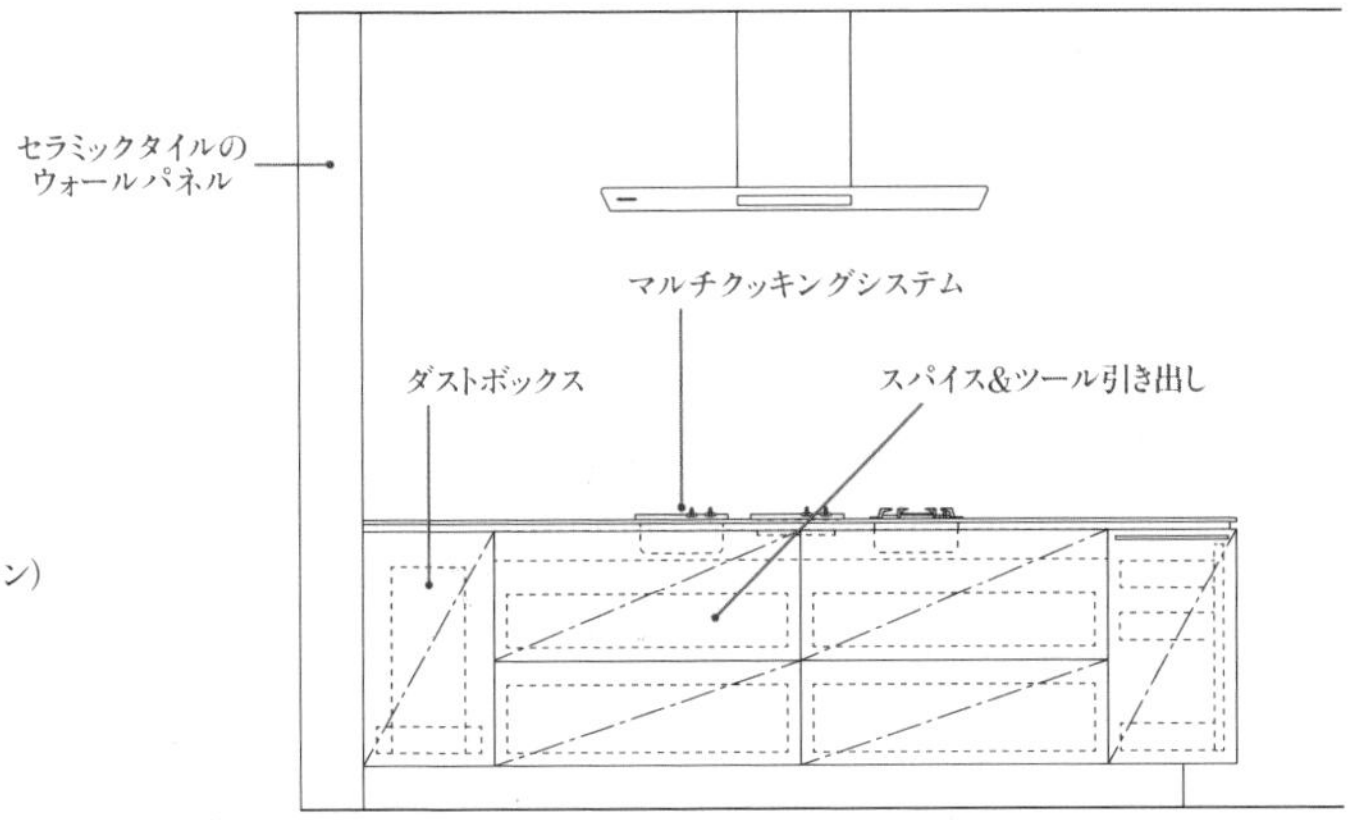

:壁側のキッチン詳細図

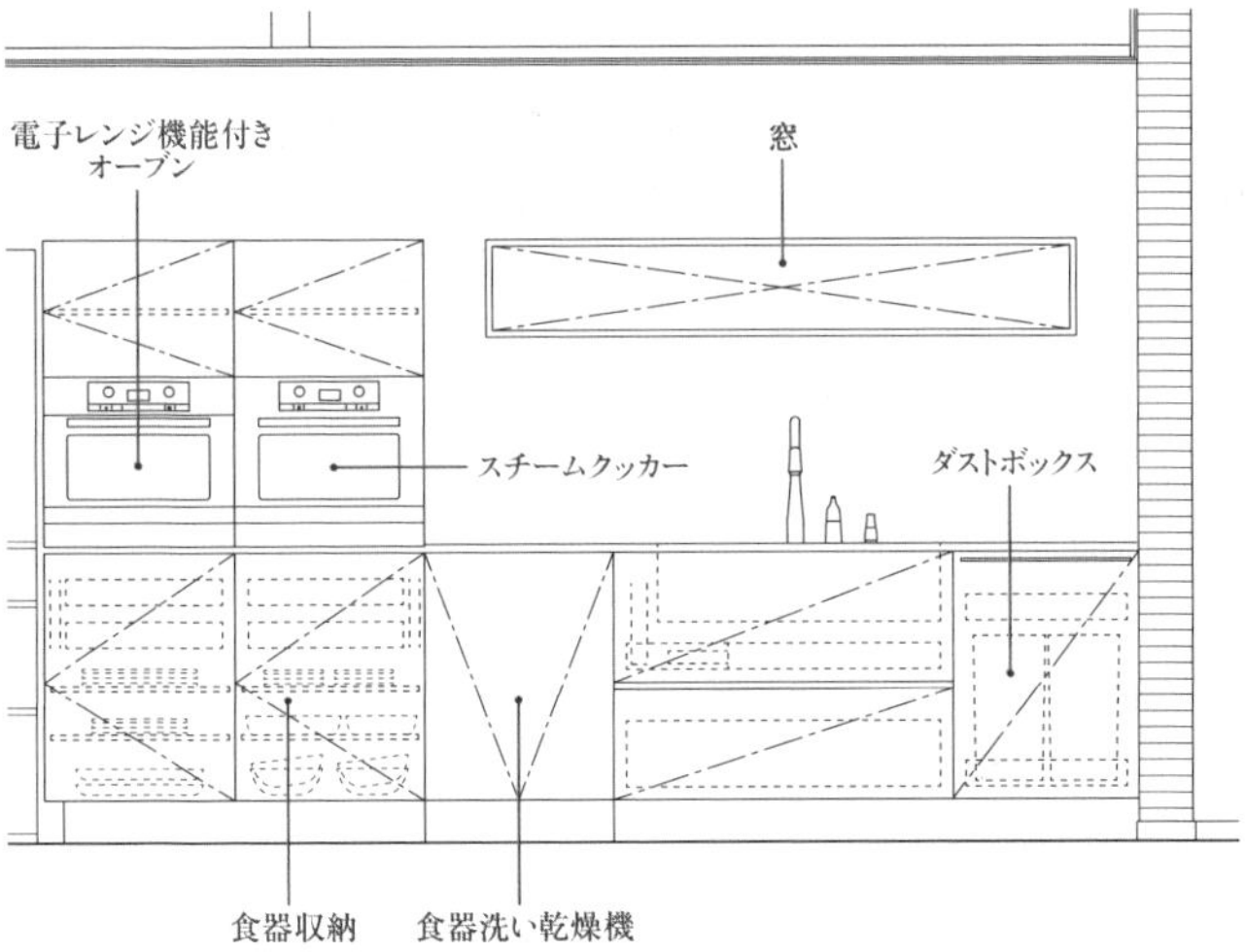

:食器キャビネット詳細図

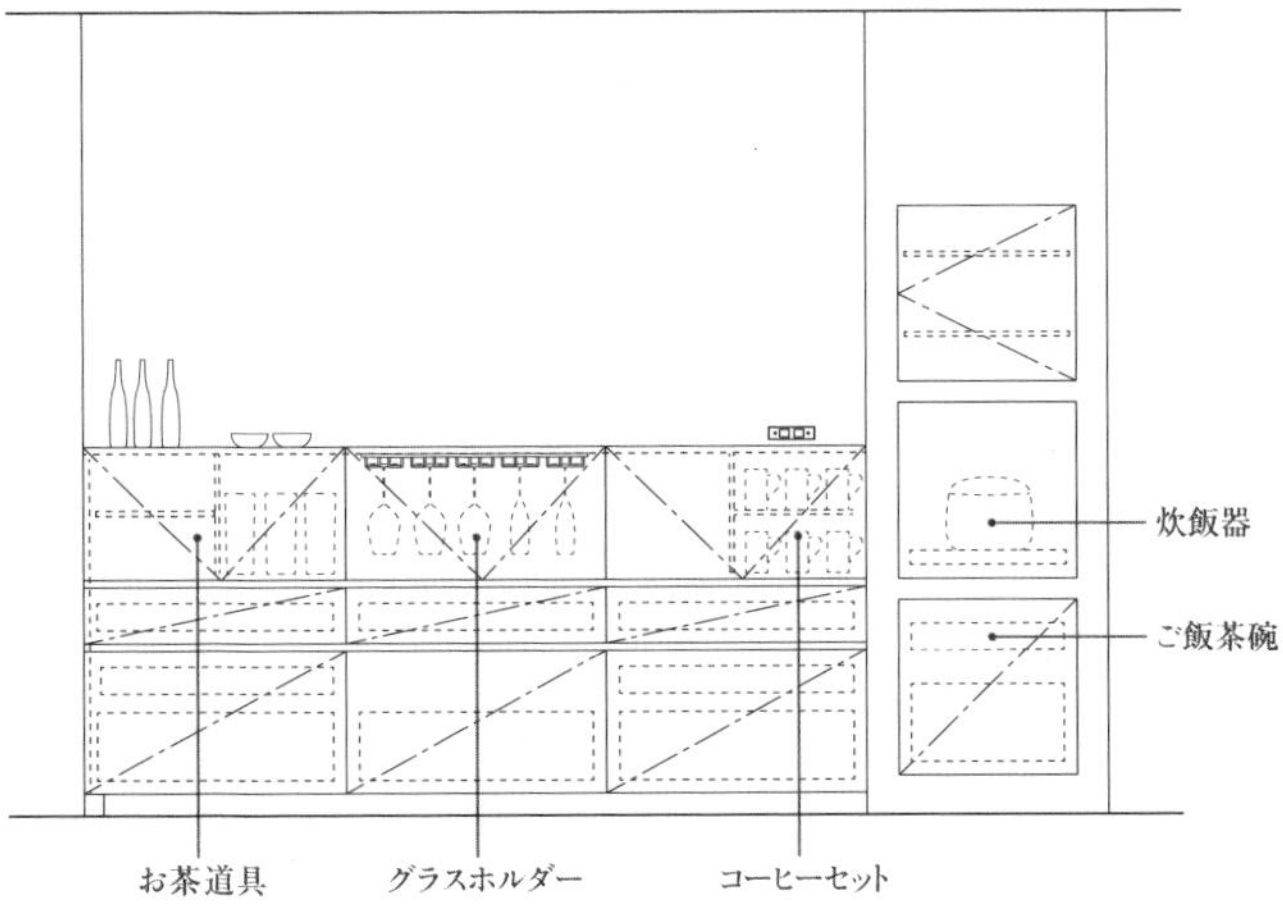

INDUSTRIAL CHIC

“『オールドビーンズ』が香る場所”

My REAL KITCHEN／4

Ayako's Kitchen

Kitchen:
Custom kitchen

Brand:
Kitchenhouse

Architecture:
Satoru Inoue

Location:
Fukuoka

大きなワンルームのような住まいは、建築家・井上聡さんによるインダストリアルな空間。天井までの高さのある窓が、光を住まいに取り込みます。窓のテキスタイルはスイス・フィスバ社からセレクト。

Our Icons, old beans and vintage grinder

ヴィンテージのグラインダーで熟成豆を挽く

亜矢子さんの朝はコーヒーを淹れる香りからはじまります。キッチンというより、焙煎所のような雰囲気が漂っています。

「夫がヴィンテージのコーヒーグラインダーを譲り受けたのがきっかけで、時間がある限り、豆を挽いてコーヒーを楽しむようになりましたね。休日の朝には夫が豆を丁寧に挽いてコーヒーを淹れます」

住まいは大きな箱のような空間で、建築家の井上聡さんが設計しました。

——キッチンも家具もオブジェのように決まっています。

「選んだのはキッチンハウスから設計当時出ていた〝アーキワン〟というモデルです。にじんだような墨色の箱のような感じが好きでした。家づくりをはじめたころはステンレスの業務用をアレンジする、コンクリートでつくってしまうなど、さまざまなアイディアが出ましたが、このキッチンを設計者の井上聡さんにすすめられたとき、潔いほど直線的な箱のような姿に、迷いなく決められました」

——日本のキッチンの色といえば長く清潔感のある白や、温かみのある木が主流でした。グレーやブラックの濃色のキッチンは、ずいぶん一般的になってきたように思います。

「特に意識したわけではないけれど、夫婦そろって無駄のないものや、素材そのままの表情が見えるものが好きです」

——キッチンを選ぶときには、あらかじめ収納や機能を考えたのでしょうか？

「複雑なオーダーシステムではなく、ぽんと置ける家具のような感じも面白いと思いました。料理の作業はすべてこの幅2m60㎝のワークトップの中ですんでしまいます。日々の料理は和食が多く、夫の朝が早いため、夜は簡単にすませることも多いですね。余分な機

能も不足している機能もありません」

――実際に使ってみてどうでしょうか？

「ワークトップの素材がよかったです。キッチンハウスの〝エバルト〟というメラミン材で、墨色の色と質感は印刷です。コンクリートやモルタルではないんです。珍しい色合いで、印刷とは思えないほど雰囲気があります。メラミン材の上では粉ものなどを直接こねることができるので、パン生地を練って焼くこともあります」

――ワークトップが調理台も兼ねられるのですね。

「はい、これは思ったより便利でした。お手入れも拭くだけですし、熱や汚れにも強いと感じています」

――メラミン材の印刷の技術が変えたキッチンやインテリアの可能性は大きいですね。木の表情も自然ですし、微妙な色合いも再現性がいいです。

「テーブルは無垢材をランダムに並べたイメージがありましたが、家具ショップではなかなか見つかりませんでした。そこで腕に覚えのある友人につくってもらうことにしました。4枚の天板の微妙なずれ具合は、私たちをよく知る友人だからわかるテイストでした」

――世界にただひとつだけのテーブルですね。2階の吹き抜けからはキッチンとテーブルが一緒に見下ろせますが、とても似合っています。

「リビングには木と革の経年変化が味わい深いヴィンテージのソファで、程よいクタクタ感が気に入っています。フリッツ・ハンセンのアームチェア〝PK22〟は金属と革の質感が硬質です。どれもマニッシュなものを選んでいます」

――改めて見るとキッチンというより、本当にシンプルな箱のようですね。

「リビングダイニングのため、キッチンの存在感もほしかったので、バランスがよかったです。キッチンって機能や収納も大事ですが、そこにとらわれすぎないほうがいい。柔軟な考え方をしたほうが自由度が高くなると思います」

自転車や陶芸、カメラ、これから挑戦しようと思っている山登りなど、二人の趣味の世界の延長線にあるのが、このインダストリアルなキッチンなのかもしれません。

椅子はグザビエ・ボシャールが1934年にデザインしたトリックスの「エーチェア」で、インダストリアルな雰囲気が漂います。照明はポールに業務用の電球を巻きつけたもの。

キッチンの先にはインドアガレージがあり、夫が趣味とする自転車をチューンナップできます。鏡張りで土足で作業できる場所は、男性にとっては憧れの空間。キッチンに近い意味を持つのかもしれません。

ケメックスのコーヒーメーカーを愛用。ネルドリップで淹れる。「これという豆にはまだ出会っていませんが、挽き方で風味の変わるコーヒーの魅力に夫婦で取り憑かれつつあります」と亜矢子さん。

For our time, Cycling, Dripping coffee...

自転車にコーヒー、二人の趣味の場所

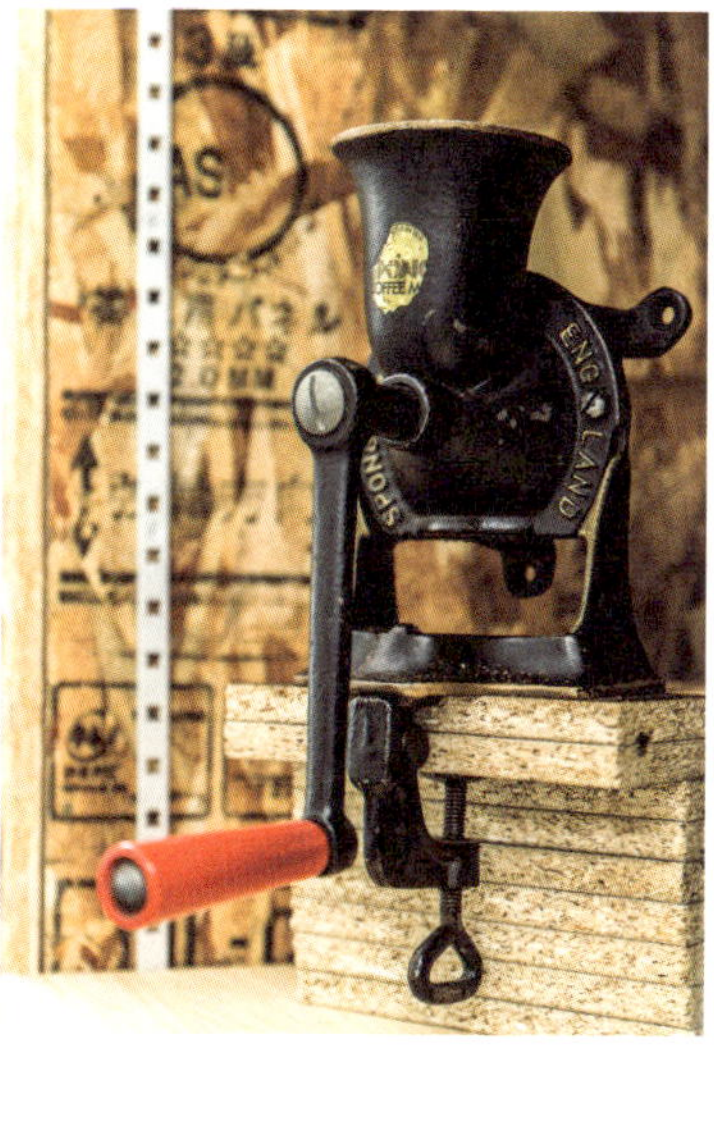

夫がカメラの先生から新築祝いでもらったのが、英国・スポング社のヴィンテージのコーヒーグラインダー。万力のような台を、ファイバーボードの端材に挟んで使っています。重厚な鉄の表情は、自転車にも通じる魅力があります。

Details

余分なものも、足りないものもない理由

お気に入りの器は自分でつくる

作陶教室に通って焼き上げた作品は、色を抑えた味わいのある表情。シックなキッチンに温かみを添えるのが手づくりの魅力です。

水栓金具はスクエア型

長方形のシンプルなキッチンだから、水栓金具もできるだけミニマルなものを。吐水口がスクエアのシルエットはコーヒーの道具とデザインも好相性。

木片板でつくった素朴な収納

キッチンの後ろは建築家が木片板の素材感をむき出しにしてつくったオープンシェルフ。シェルフの裏側は小さなパントリーになっています。

印刷精度と機能が上がったメラミン材

メラミン材とは特殊紙と樹脂をベースにした化粧材で、キッチンでは一般的な素材です。熱や汚れに強いのでこのようにワークトップに使うこともできます。

浴室もインダストリアルに

脚つきのバスタブにシャワー。床はモルタル仕上げ。キッチンと同じようにお風呂もインダストリアルな雰囲気で仕上げてあります。

設備機器は安心感ある国産ブランド

設備機器はパナソニック。IHはフラットに収まり、シンプルな空間を邪魔しません。食器洗い機は幅45cmの引き出し式です。

Plan

ニュートラルで大きな箱

Info

:HOUSE DATA

［家族構成］夫婦
［工事形態］新築一戸建て
［キッチン空間の面積］14.8㎡
［住宅設計］イノウエサトル建築計画事務所
井上聡

:KITCHEN SPEC

［キッチン］
キッチンハウス
扉材：エバルト（ベトングレー）
［ワークトップ］
メラミン材：エバルト（ベトングレー／スリムボーダースタイル）
［シンク］
オリジナルシンク：ゼロRシンク+水切りプレート付き
［水栓金具］
グローエ：ミンタ
［食器洗い機］
パナソニック：NP-45MS5WAA
［IHクッキングヒーター］
パナソニック：CH-TS6R
［レンジフード］
FUJIOH（富士工業）：CNSRF-RK-902S（室内循環タイプ）
［キッチン背面収納］
木片板によるオリジナル造作

:INTERIOR SPEC

［床材］
モルタル　金コテ押え仕上げ
［ダイニングテーブル］
無垢のヴィンテージ材で特注製作
［ダイニングチェア］
トリックス：Aチェア
［リビングソファ］
フリッツ・ハンセン：PK22

:KITCHEN

キッチンハウス福岡店
TEL092・627・3600
キッチンハウス東京店
TEL03・3705・8411
https://www.kitchenhouse.jp

:ARCHITECT

イノウエサトル建築計画事務所　井上聡
http://www.inouesatoru.jp

：キッチン&リビング平面図

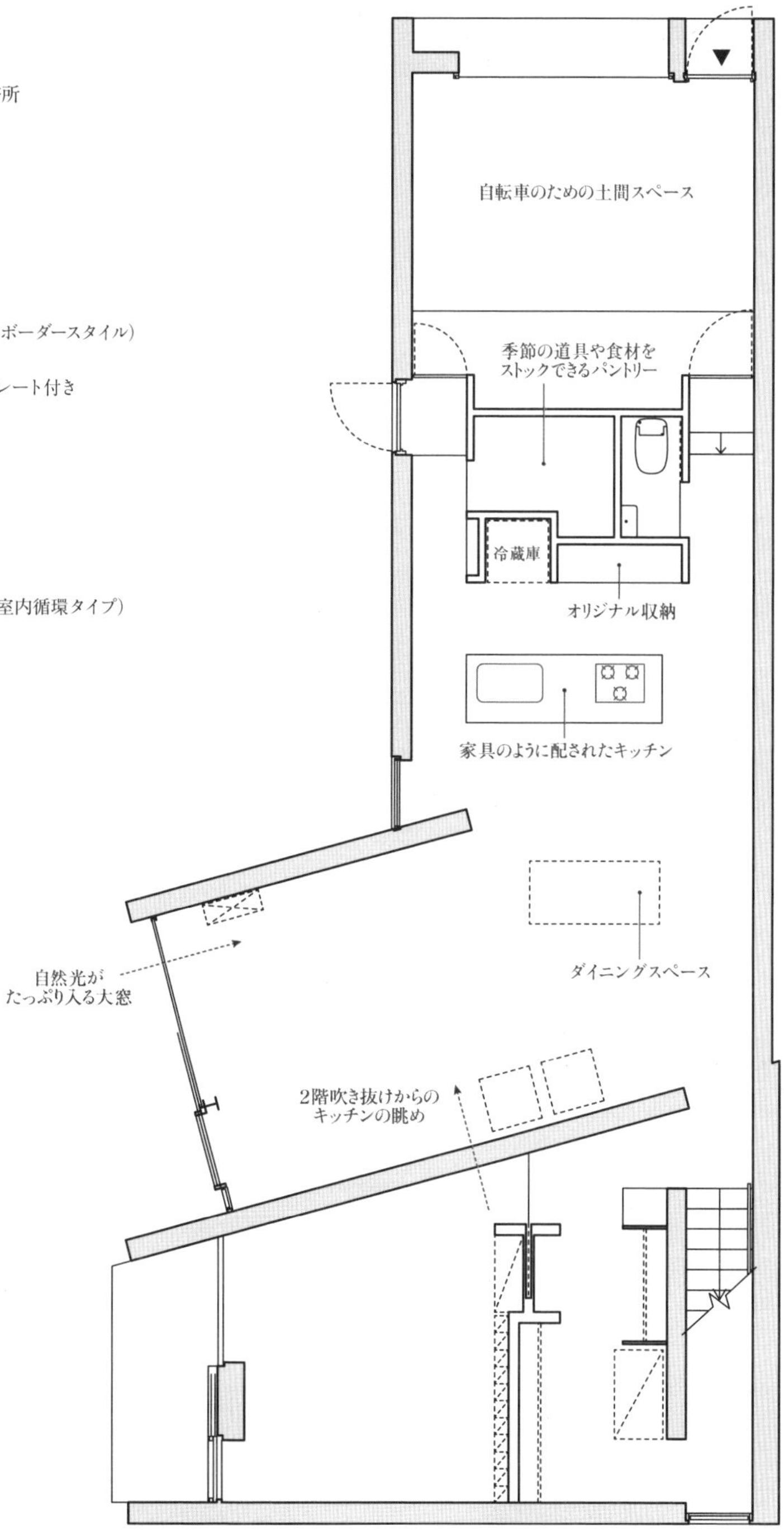

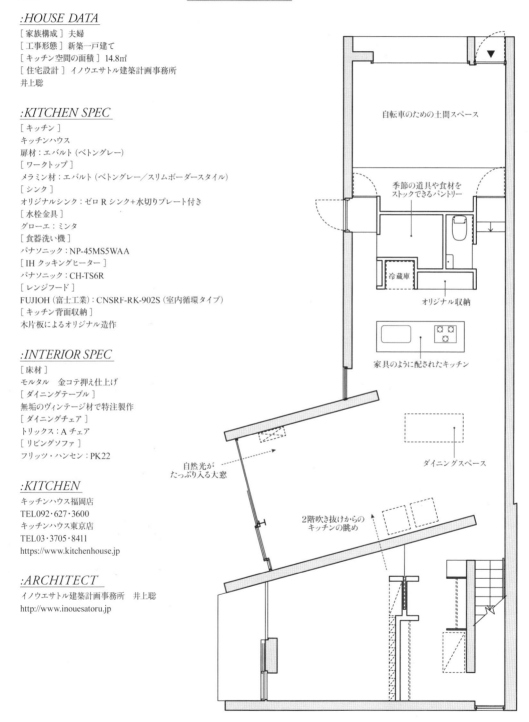

CRAFTED BY NATURE

My REAL KITCHEN 5

Yumi's Kitchen

Kitchen:
Italian kitchen

Brand:
Euromobil

House:
Sekisui House

Location:
Nara

高さ2mもあるウォールキャビネットが7面並ぶ。木立のような雰囲気をキッチンが醸し出している。手前のアイランドは漆喰のようなセメント調の素材で仕上げています。

“森のようなキッチンに出会えた”

Touch of nature at home
自然の力を直感的に感じて

由美さんの住まいは直線を生かしたモダンな家。室内は北欧やイタリアの名作家具で飾られ、大人らしい趣味に満たされています。キッチンは大きなリビングダイニングの中心。ウォルナットの木目が端正に並んで、静かな森の中にいるようです。キッチンに面した大窓からは造園家の萩野寿也さんが手がけた庭が眺められます。

「20年くらい住んだ家を建て替えました。希望したのは平屋でした。夫婦二人の暮らしなので、コンパクトで、庭とつながったような住まいです。自然の素材を取り入れたかったので、雑誌でイタリアキッチンのユーロモビル社の写真を見て、直感的にかっこいい、自然の力を感じる、とすぐに決めました」

――自然の力は具体的にどんなところに感じましたか？

「ウォルナットの扉材と、コンクリートのような無機質な素材の組み合わせが新鮮でした。可愛らしいものより、かっこいい感じが好きです。自然な感じのものが好きで、買い物も地元の野菜の直売所に行きます。このキッチンのデザインにも無作為の美を感じたように思えます。泥がついていても、不格好な野菜でもとても自然に見えます」

壁側の収納は木目を縦に並べ、アイランドキッチンはリビングに対して、横に大きく木目を流す扉材にしました。過ごす人の視線に合わせてさりげなく、扉材の木目の流れを変えるアレンジです。床は木調のタイルでキッチンの素材となじみます。

――イタリアキッチンを使ってみていかがでしょうか？

「以前は大手住宅設備メーカーのキッチンを、機能性や収納量を優先して選びました。けれども今回は機能と美が一体になったキッチンをつくることができました。扉のウォルナット材の木目が凛と流れていて、美しいです。開け閉めのたびに満足します。芸術の国の

イタリアの美意識を住まいの中に自然に取り入れられること。これが魅力だと思います。整理整頓が苦手なので、扉を閉めてしまえば片付いているように見えます」

——壁側のキャビネットの奥行は70㎝近い深さで、たっぷりと入りますね。

「吊り戸棚はなくして、とお願いしました。壁面の大きな収納はストック食材はしまえるし、食器、家電まで、キッチンからすぐに手の届く位置にプランしてもらいました。しかも多くの棚が内引き出しになっているので、収納を奥から手元まで引き寄せられます」

——器もお好きなのですね。

「はい。野菜と同じで、器も産地や工房に行って、つくった人の顔を見ながら買うのが好きです。テーブルでもキッチンでも、器を並べて映える色や素材を選んでよかったです」

——家具はどのように選びましたか？

「ユーロモビルのキッチンは家具の美しい背景になってくれます。夫とショールームを回って、キッチンに合う家具選びを思い切り楽しみました。一方で庭への視線をさえぎらないように、テーブルも椅子もシンプルで低めのデザインを選びました。コッパーや真鍮の色味をポイントに入れたことで、シックで落ち着いた雰囲気になりました」

——ダイニング照明はルイスポールセンの有名すぎる「アーティチョーク」です。

「強すぎるんじゃない？　と最初は思いましたが、コッパーカラーのバージョンを見て、これ以上ないほどぴったりきました。落ちる光も温かいです」

——家づくりを振り返ってみていかがでしょうか。

「建てた当時は家族同然の愛犬がいて、食べるものはすべて手づくりしていました。犬の足が滑りにくい床材を選び、ドッグルームはキッチンから行き来がしやすいように考えて…。もう旅立ってしまいましたが、食いしん坊な犬だったのでいつもキッチンで寝転んでいて、収納の扉や冷蔵庫が開けられなかったことも懐かしいですね」

——家の中で気に入っている場所はどこですか。

「キッチンですね。キッチンそのものというより、ここから庭が見えたりすることが大事かなあと思います」

壁面キャビネットのウォルナット材に合わせてダイニングチェアにはトープ色の革の「キャブ」。テーブルはカッシーナの「ナーン」で、天板が薄く、脚の存在感をできるだけなくしたスリムタイプのテーブルです。キッチンの存在感を邪魔しません。

Combining materials

キッチンと空間の素材感を合わせる

人気の造園家、荻野寿也さんが手がけた庭は、里山の草木を中心とした自然な景色が広がる。キッチン越しに庭が見える場合、天板の素材感と景色の相性は意外と大切。

カッシーナのソファ「トゥート」。ミラノのファブリックブランド、デダールの布であつらえたクッションがアクセントに。センターテーブルはフランスのフィリップ・セルバ。

玄関を入ってすぐの土間リビング。靴のままお茶が飲めたり、歓談ができるアットホームな場所です。床は佐久鉄平石を乱張りにし、ムニの藍色のラグを敷いています。オーレ・ヴァンシャーのアームチェアに、フロア照明はフロスの「アルコ」を合わせて。世界の名作インテリアが一堂に会したような趣味の高さが感じられます。

Details

リビングへの開放感をキープ

扉を開けたままで使いやすく

扉の一部はリフトアップドアにして、炊飯器や電気ケトル、電子レンジは扉を開け放したまま使うことできる。右端にはビルトイン冷蔵庫も収められています。

キッチンからリビングを眺める

天井を走る梁や壁面の横長のリビング収納がキッチンと調和します。水栓金具のフォルムもオープンキッチンでは空間の表情を決める大切な要素。

シンク下も無駄なく活用

オープンキッチンだからこそ、いつもきれいにしておきたい。シンク下に掃除道具が入る変形の引き出しを設けました。無駄に見えるスペースまで収納に活用できます。

レンジフードが頭上にない

使うときだけ電動で上下する下引き式を採用。レンジフードが頭上にないので、勾配天井の抜け感を生かしたダイナミックなリビングキッチンを実現しています。

調理のための収納は１か所に

調理の作業に必要な収納は、アイランドキッチン側にまとまっています。大きな引き出しの中にボウルやバット。縦に細い収納ラックに油や醤油などの調味料を並べて。

キッチンの内と外で素材を変えて

アイランドキッチンの内側の扉は淡い木目に。床材は平田タイルの木調タイル。ワークトップは禅をイメージしたシックなグレーのクオーツストーンです。

Plan

視線、動線が見事に流れる

Info

:HOUSE DATA

［家族構成］夫婦
［工事形態］新築一戸建て
［キッチン空間の面積］13㎡
［住宅設計］積水ハウス　柚留木悦雄
［インテリアコーディネート］神﨑恭子

:KITCHEN SPEC

［キッチン］
Euromobil（ユーロモビル）
イタリアキッチン
バックセット／モデル：FILO ANTIS
扉材：Noce materia
アイランド／モデル：LAIN
扉材：TSS imprime cement
［ワークトップ］
クオーツストーン：サイルストーン
（ケンショー）
［シンク］
特注オリジナル製作：ステンレスPHL仕上げ
［水栓金具］
クリンスイ：グローエモデル F914ZC
［食器洗い機］ガゲナウ：DI 260 410
［IHクッキングヒーター］テカ：IRS 933 HS
［レンジフード］ベスト：Lift 90
［ビルトイン冷凍冷蔵庫］
AEG：SCS91800C0

:INTERIOR SPEC

［床材］
平田タイル：木調タイル
［ダイニングテーブル］
カッシーナ：NAAN EX テーブル
（オークスモーク材ナチュラル材）
［ダイニングチェア］
カッシーナ：CAB（トープ色革張り）
［ソファ］
カッシーナ：TOOT（Z362 革張り）
［センターテーブル］
フィリップセルバ：オケージョナルテーブル
［リビングボード］オリジナル造作
［ダイニング照明］
ルイスポールセン：アーティチョーク
（コッパー色）
エントランスリビング
［チェア］
カール・ハンセン&サン：OW149
（オーク材ソープ仕上げ）
［センターテーブル］
ワンコレクション：FJ5802
［照明］フロス：アルコ
［ラグ］ムニ：No. 009A

:KITCHEN

藤屋（ユーロモビル正規販売代理店）
担当プランナー：尾藤和宏、田渕早穂
TEL06・4964・0601
http://euromobil.jp

: キッチン&リビング平面図

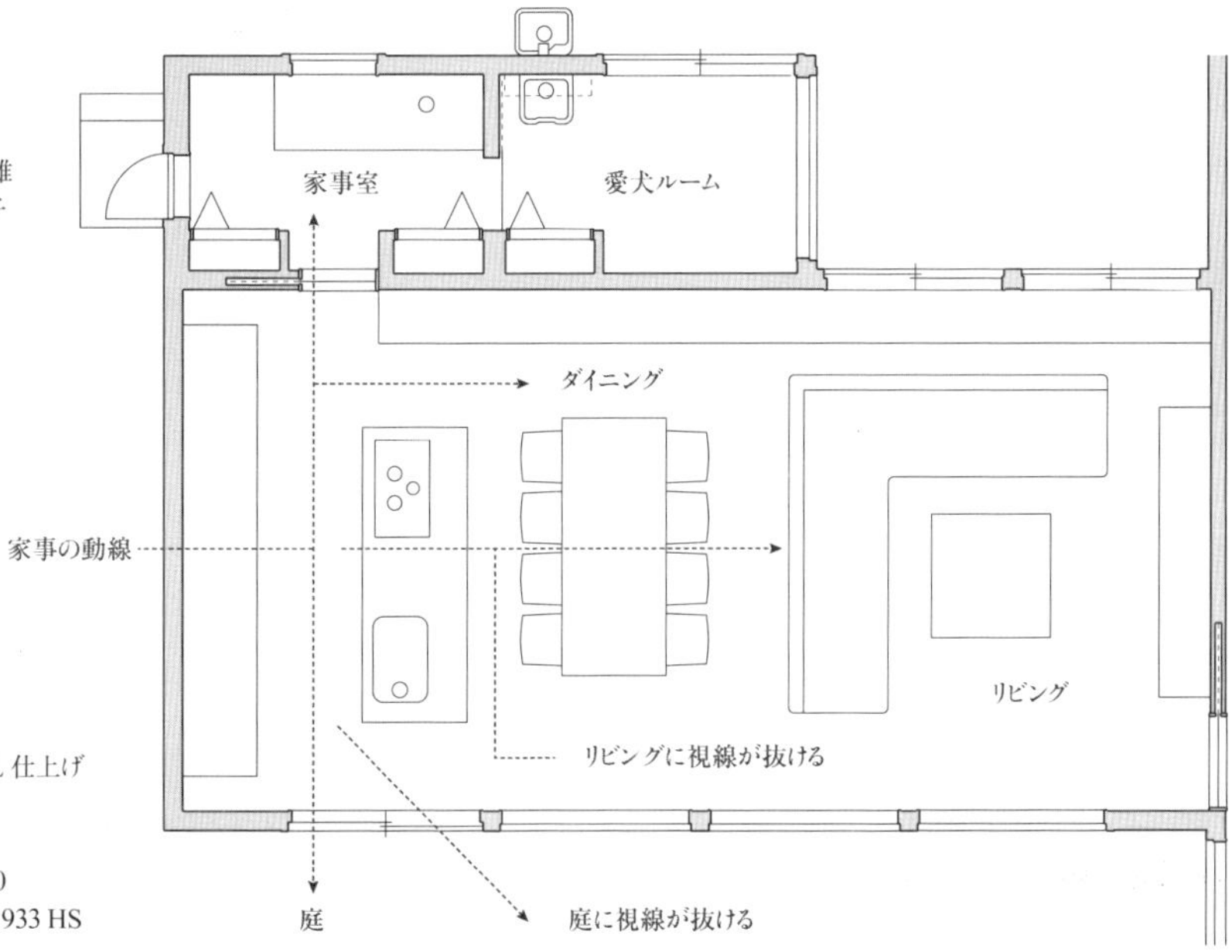

: アイランドキッチン立体図

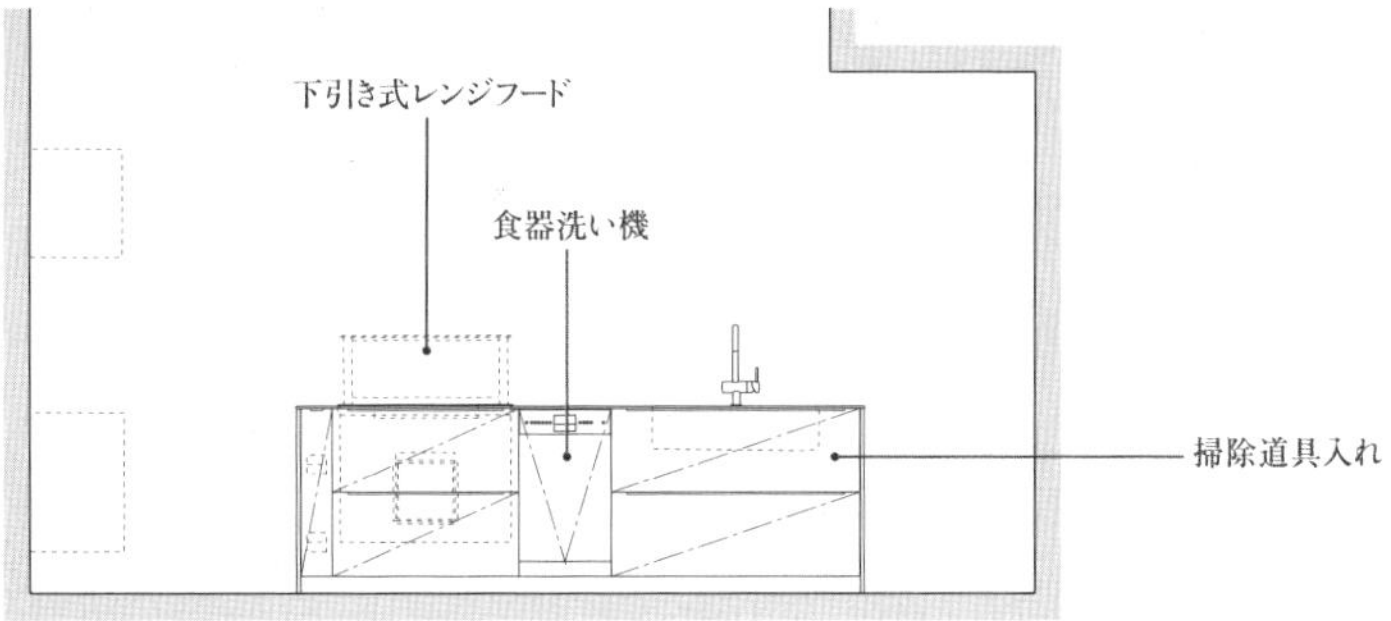

: 壁側トールユニット立体図

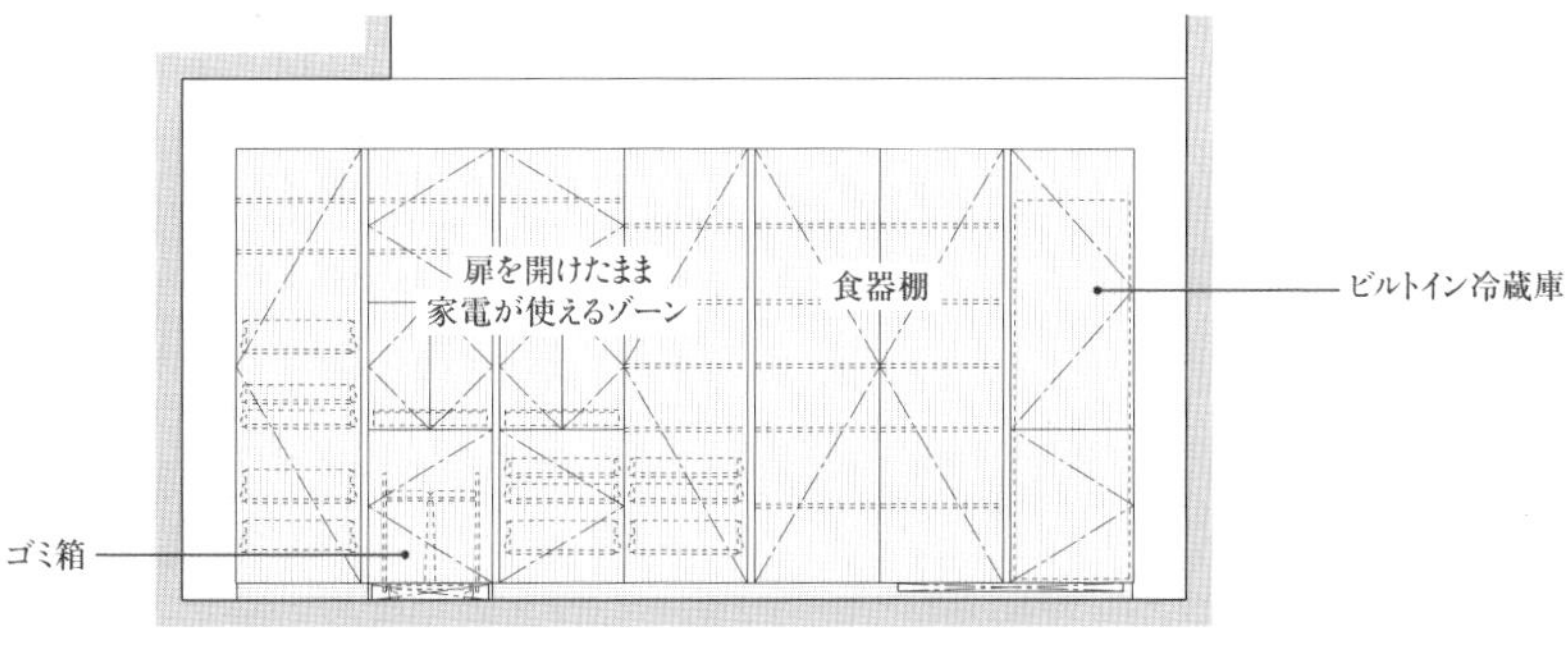

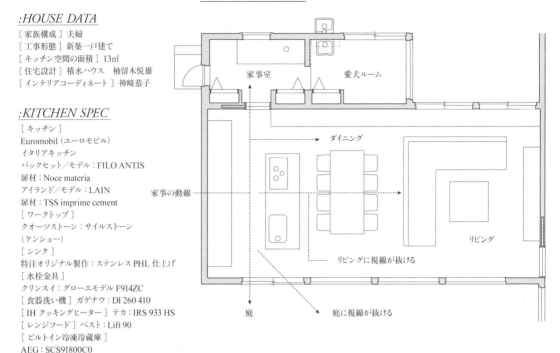

MY DAYS
AT HOME

“ある日、私のおうちで”

My REAL KITCHEN／6

Rei's Kitchen

Kitchen:
Order kitchen

Brand:
FIle

Interior design:
FIle

Location:
Hyogo

キッチンのワークトップと床はざっくりとした質感のオーク。壁はサブウェイタイル。框のついたキッチンの扉は、家の中のドアとイメージをそろえています。

It started from looking for the door

美しいドア探しから、自分らしいキッチンを見つけた

「キッチンをオーダーしようと思ったのは、ドアがきっかけだったんですよ」と怜生《れい》さんのお話ははじまりました。それは框のついたエレガントな両開きのドアでした。怜生さんの住まいは夫の両親と一緒に建てた、2世帯住宅です。

――ドアがスタートなんですか？

「新築の計画中に既製品では思ったようなドアが見つからず、理想のドアを探してネットを巡っていたときに、出会ったのが〝ファイル〟というキッチンと家具の会社でした」

ドアのことをインテリアや建築の業界では「建具《たてぐ》」と呼びます。キッチンとは扉を開け閉めする家具なので、建具とキッチンは一緒の会社で請け負ったりします。ですので決して縁のない流れではありません。

――ファイルは大人のヨーロピアンモダンというような、独特のスタイルを持つキッチンや家具、ドアまでをつくりますね。

「ドアの相談をするうちに、ファイルの担当者とセンスがぴったり合うことがわかって、結局、キッチン、インテリアまで内装をすべてお任せすることにしました。家全体は工務店にお願いしていたのですが、微妙なセンスはなかなか伝わらない。上の娘を育てながら、第2子を妊娠中でしたから、自分自身では調べきれなくて、きちんとイメージが伝えられれば、下手に自分で手を出すよりも、わかりあえるプロに任せたほうが確実と感じました」

――明るい色目の木のワークトップは、さらさらの手触りですね。

「自然に使い込んでいける素材が好きです。アイランドのワークトップは無垢のオーク材です。厚さ25㎜もあって、表面もオイルで仕上げただけ。傷がついたり、味わいが出るのが楽しみなくらいです。住まいの床も明るく板幅の広い無垢のオーク材で、イメージを合

わせました」

――床とキッチンのワークトップの雰囲気を合わせるなんて、まさにインテリアとキッチンの融合ですね。なにか大きなテーマはあったんでしょうか?

「そうですね。ほんの少しのクラシックに、デンマークのテイスト。可愛い北欧というより、少しヴィンテージな感じです。アパレル関係など、デザインや素材に触れる仕事を続けてきました。住まいに関しては、どこの国とは言えませんが、英国、北欧、イタリア…海外のイメージはありますね。エッジーなデザインが好きだったころもあったけれど、いまはほっとできて、どこかモダンな空間に落ち着きました」

――照明もとても印象的です。

「デンマーク、フリッツ・ハンセン社の〝カラバッジオ〟です。コードの色も選べて空間のアクセントになりますし、アイランドキッチンの上で料理するとき、手元を照らしてくれて実用的です」

――キッチンでお気に入りの場所があれば教えてください。

「これからキッチンに似合う器を集めていくつもりなんですが、キッチンと階段の間の壁の小さなスペースを活用して、ガラス扉の飾り棚をつくってもらいました。自分の好きなものを飾れる場所があることが、暮らしの中に小さな喜びを生み出しています」

――どんなお料理をつくることが多いんですか?

「いまは子どもたちのために、質のよい食材をシンプルに料理することが多いですね。出産前はワインが好きで、おつまみをつくって夫や友人と飲んでいたんですよ。娘が大きくなったら、またそんな時間を持ちたいですね」

「おなかすきませんか?」。そんなひと言とともに、手際よくつくってくれたのが果物のサラダ。新鮮な桃を切って、モッツァレラをちぎってオリーブオイルを垂らします。スモーキーグリーンのディルを散らし、ひきたてのブラックペッパーを振りかけます。淡い桃色に緑と黒。皿の上の料理の色合いは、どこか彼女のインテリアと通じるセンスを感じました。

W1800×D1060㎜の大きなアイランドは900㎜と高め。食器や日常のこまごましたものの大半は、キッチンの中に収納でき、食器棚を兼ねています。

アンティークのドアノブを使ったオリジナルドア。このドアの向こうが、下のランドリー室で、家事をするときは開け放して、行き来しているそうです。

The contrast between Modern and Classics

インテリアは、ほんの少しのクラシック

夫の書斎を兼ねたワークルーム。ここでも框付きの収納家具を特注。フリッツ・ハンセンの黒い「エイトチェア」がよく似合います。キッチンにのぞき窓があり、家事をしながら目の届く場所として子どもを遊ばせています。

キッチンとつながる場所にランドリー室をつくりました。洗濯機やアイロンが使えるカウンターがあり、奥のドアからテラスに出られ、天気のいい日は外に洗濯物を干せます。雨の日は室内干しもできます。

リビングの主役はフリッツ・ハンセンの「アルファベットソファ」。背と座のパーツを色別に張り分けることができます。グレーとブルーを組み合わせたカラートーンは住まいのイメージにもぴったり。

Details

家の中で“私らしく”あるために

包丁をさっと取り出せる専用引き出し

包丁を並べて収められます。「三徳やペティナイフ、パン切り包丁など、用途に合わせてさっと取り出せるのでストレスがありません」。刃も傷みにくいそうです。

デッドスペースのないL型キッチン

L型のキッチンプランではどうしても角部にデッドスペースができます。奥から中を引き出せる専用の収納パーツを活用して、場所を取りがちな鍋や大皿を収納。

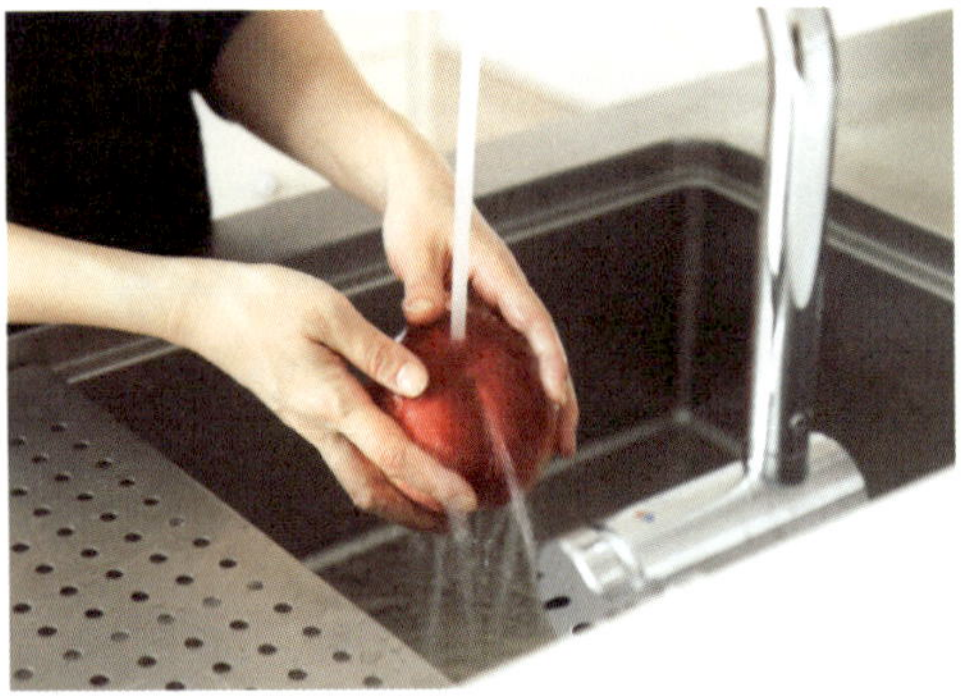

シンクは大きなプレート付きステンレス

シンクは幅76×奥行50cmとゆったりサイズのステンレスシンクを特注。水切りプレートがはめられるタイプです。シンクの前には隣室が見える窓があります。

ゴミ箱がアイランドのサイドから登場

料理をしていた怜生さんが野菜や果物の皮をさっと捨てたのは、アイランドの脇の引き出し式収納。「シンク側からも捨てられますし、ゴミを見せなくてすみます」

家の中のテイストをそろえる

左・吹き抜けの室内窓や照明、階段の手すりまで依頼。右・洗面台はアメリカ・コーラーのペデスタル（1本脚）タイプ、床タイルはポルトガルのアルテ・ヴィーダ。

テーブルもキッチンと一緒にセレクト

ダイニングセットはデンマークのヴィンテージ家具への憧れをテーマに、セレクトしています。オリジナル家具も扱う会社なので、サイズや色などもイメージ通りです。

Plan

料理に集中できるキッチンルーム

INFO

:HOUSE DATA

［家族構成］夫婦＋子ども２人（小学生）
［工事形態］新築一戸建て
［キッチン空間の面積］約12㎡

:KITCHEN SPEC

［キッチン］
FILEのオーダーメイド製作
L型キッチン／扉材：オフホワイトペイント刷毛塗り仕上げ
アイランド／扉材：オフホワイトペイント刷毛塗り仕上げ
［ワークトップ］
L型キッチン／ステンレス：40㎜厚（バイブレーション仕上げ）
アイランド／無垢オーク材：25㎜厚（オイル仕上げ）
［シンク］
特注オリジナル製作：スクエアタイプ（ブラスト仕上げ）
［水栓金具］
KWC：リベロ　KW0231013
［食器洗い機］
アスコ：D5534
［ガスコンロ］
リンナイ：デリシア グリレ
［レンジフード］
FUJIOH（富士工業）：NSR-3B-904V

:INTERIOR SPEC

［床材］
アルベロプロ：オールドオークヴィンテージコレクション（ヘリテージユーロ No.2）
［キッチン照明］
フリッツ・ハンセン：カラバッジオ
［ダイニングテーブル］
FILE：ウォルナット無垢材オイル仕上げ
［ダイニングチェア］
FILE：MF-1
［書斎チェア］
フリッツ・ハンセン：エイトチェア
［リビングソファ］
フリッツ・ハンセン：アルファベットソファ
［ペデスタル洗面台］
コーラー：バンクラフト
［洗面用水栓］
コーラー：フェアファックス 2ハンドル

:KITCHEN & INTERIOR DESIGN

FILE　FURNITURE WORKS（京都店）
TEL075・722・7524
http://file-g.com

: キッチン平面図

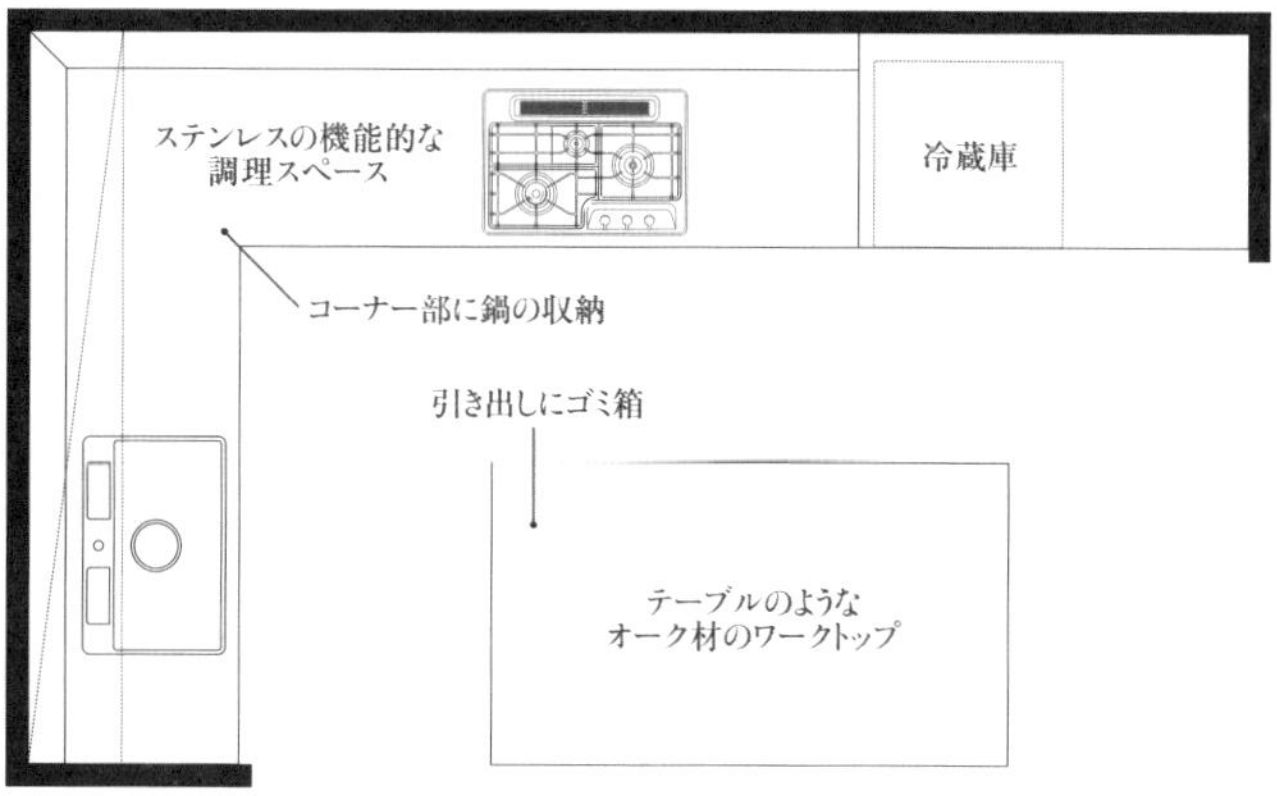

: キッチン立面図

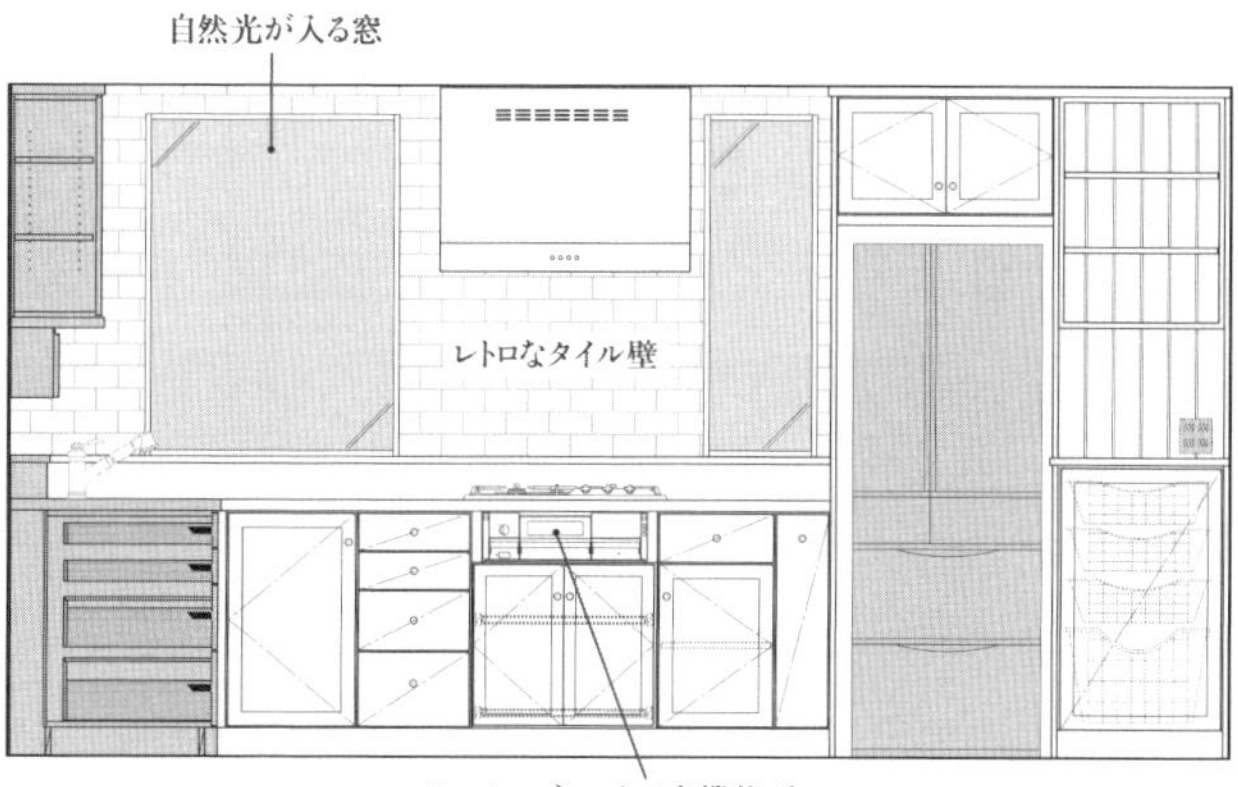

: キッチン立面図

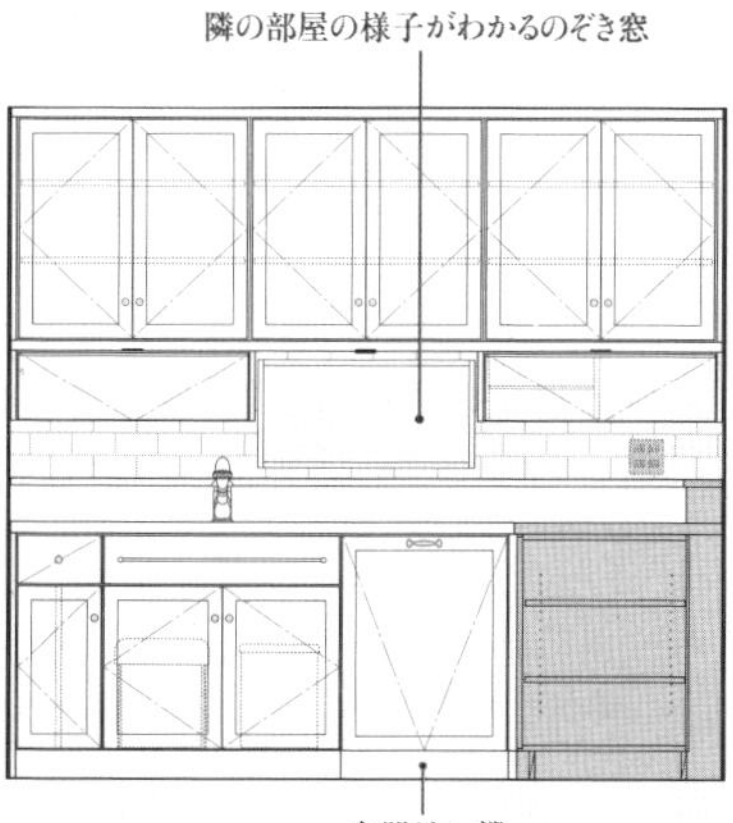

ALLURE OF LIGHT

My REAL KITCHEN／7

Masae's Kitchen

Kitchen:
German kitchen

Brand:
bulthaup

Architecture:
Yuichiro Yamanaka

Location:
Saitama

ウォルナット材のキャビネット(右)と、ベージュ色のスクエアアイランド(中央)を組み合わせたブルトハウプのキッチン。

“キッチンに光が流れる”

What we love... the kitchen filled with light.

きれいな光が落ちる住まいをお願いしました

テラスの引き戸を全開にすると、朝の光が入ってきました。

雅枝さんのキッチンはテラスに面したオープンな空間です。夫婦で那須高原の伝説的なホテル「二期倶楽部」のスイートルームに滞在して、その佇まいが心に残っていました。

「自宅の新築にあたって建築家の山中祐一郎さんにお願いしたのは、きれいな光が落ちる、別荘のような空間です」と話します。そんなイメージから出来上がった自宅は、北側の穏やかな光が差し込む天井高4mの家。キッチンとリビングとダイニングが大きなひとつの空間になっています。

——キッチンやインテリアはなにから考え始めたのですか？

「初めに浮かんだイメージはインテリアのほうだったんです。夫と息子と一緒に家具や照明を選ぶ時間が楽しかったです。ダイニングテーブルはイタリアのジェルバゾーニ社の〝グレイ〟というもので、見た瞬間に、みんながこれだ！　って心が決まって。家族のテーブルになりました」

——ふくらみのある独特のレッグに、チェアは編み込みのような素材。大胆な組み合わせですね。

「チェアはオランダ・モーイ社の〝カーボンチェア〟で、カーボンファイバー製で2キロもないふんわりと軽い椅子なんです。だから取り回しも楽です。ソファはE&Yの〝ホックニー〟。深みのあるパープルの張り地は、床材の質感や照明の当たり方にも似合っています」

——ダイニングセットのグレーと黒が、空間を引き締めています。

「テラスに面してキッチンがくることは決まっていました。建築に溶け込む、質のよいシンプルなキッチンを探していました。どんなものがあるかなあ、とショールームを回って

いるときに、表参道のブルトハウプで、この木製のワークキャビネットに出会ったんです。工具箱みたいだねって話してました。でも同じモデルでも、わが家ではどんなふうになるんだろうと、想像がつきませんでした」

キッチンの床は砂岩の大判タイルを張っています。リビングダイニングは白オイル特殊仕上げのオーク材。床の素材の違いで、心理的な区分けをつくっています。

——端正なアイランドに木製キャビネット。壁側にはシンクや加熱機器をまとめてあります。

「ほかのブランドも回りながら、ご提案を待っていたんです。多くのキッチンメーカーが単純な2列型を提案してくる中で、唯一、どきっとしたのが、ブルトハウプからのプランだったんです。正方形のアイランドの後ろが収納、コンロとシンクは壁際で調理ゾーンが囲んでいます。一人でも手が届きやすく、たくさんの人数でも料理しやすい理想的な動線です。アイランドがシンクもコンロもない、プレーンな場所なのもよかったです」

——正方形のアイランドはありそうで、意外とないですね。

「アイランドは両面が収納になっているので、お皿が取り出しやすいです。淡いブラウンのクオーツストーンのワークトップにお皿を出すと、料理の色が映えます。花やオブジェを飾ろうか、料理以外の発想も湧いてきます」

——キッチン扉のグレーがかったベージュの色もとても素敵です。

「実は本間さんの本を読んで、キッチンには微妙な素材感があるんだと気づいたんですよ。特にヨーロッパのキッチンはそこが充実していました。中でもブルトハウプはごくシンプルな色のみが厳選されていました。グレイだけでも、シルバーグレイ、クレイグレイ、プラチナグレイ、エッグプラントという茄子紺がかったグレイまでありました」

長くキッチンの取材をしていて、キッチンの素材合わせについて、楽しそうに語ってくれたのは雅枝さんが初めてだったかもしれません。キッチンや住まいの素材や色は本当に毎日の暮らしの景色にとって大切な部分——それを改めて彼女の言葉で確信しました。

そんなキッチンに、庭からの穏やかな光が流れ込んでいます。

家の裏に小さな家庭菜園を育てている。サラダリーフやハーブはそこから摘んで、いつでも新鮮な食卓に。「毎日、しっかり食事をつくっています」と雅枝さん。

深いグレイのテーブルにしてよかったことは、食器や食材が美しく映えること。益子など器を産地で探すことも多いそう。アスティエ・ド・ヴィレットやマティアス・カイザーの器も愛用している。

Perfect tool box for cooking

工具箱みたいって家族も驚いた

ブルトハウプの「b2」シリーズの可動式キャビネットは名作といもいえる美しいデザイン。扉は「ストレージドア」と呼ばれる奥行のあるボックス状で、カップやキッチンツールを30kgまで収納できる。開くと工具箱のよう、閉めると静謐な木の箱に。

お花はいつも、問屋さんから直接取り寄せている。「空間やキッチン、家具とどんなふうに合わせようか、枝ものも花も選ぶのが楽しみになりました」と雅枝さん。

３枚の大きな引き戸は引き込み式で、開け放つことができる。テラスと室内の一体感を出すために、床はフラットにつなげた。メインガーデンは周辺の緑と自然になじむように植栽している。テラスで使っているのは「アカプルコチェア」。

Details

緻密な収納システムが毎日を支える

身の丈サイズのワークキャビネット

ドイツの木工職人が金槌やペンチ、尺がねをしまう工具キャビネットをヒントに開発されたものです。大きさは高さ約1m80cmで吊り戸棚に比べ手が届きやすい。

アームライトでアイランドを照らす

天井も高く吊り戸棚もないため、セルジュ・ムーユのアーム照明をつけた。アームが自在に動くので、歩き回る作業の多いキッチンでは便利。

ストレージドアという新発想

両面から使えるフレーム型の収納や「ストレージドア」はブルトハウプらしい天才的な仕組み。パタパタとドアのように開閉します。収納内側の背面まで突き板仕上げ。

高さのある和食器も大切に

ウォルナット材の突き板を貼った精緻な引き出しは、大切な和食器を収めるのに最適な収納。深さも選べるので、蓋のある器などもそのまましまえます。

ドイツ製コンロで料理はしっかりと

IH、ガス、グリルが並ぶ調理ゾーン。シチューを煮込んだり、肉や野菜をグリルで焼いたり。お鍋とガスで炊くご飯が美味しいそうです。右・コンロの近くにお鍋の収納を。

それぞれのものに適した収納を

引き出しの中はカトラリーやスパイスなど専用のシステムで細かく仕切ることができます。用途に合わせた収納システムがドイツキッチンの特徴といえます。

Plan

3つのゾーンに分かれた適切な動線

Info

:HOUSE DATA

［家族構成］夫婦+息子
［工事形態］新築一戸建て
［キッチンのあるフロアの面積］53.28㎡
［キッチン空間の面積］10.38㎡

:KITCHEN SPEC

［キッチン］
bulthaup（ブルトハウプ）　ドイツキッチン
モデル：b3　扉材：Laminate（cray 2）
［キッチン収納キャビネット］
ブルトハウプ：b2 work cabinet
［ワークトップ］
クオーツストーン：シーザーストーン
（クオーツブラウン）
［シンク］
特注オリジナル製作：（ステンレス厚1.5㎜）
［水栓金具］ドンブラハ：MARO
［レンジフード］ガゲナウ：AW 400 720
［食器洗い機］ミーレ：G 5670 SCVi
［ハイカロリーバーナー］ガゲナウ：VG 231 234 JP
［IH クッキングヒーター］ガゲナウ：VI 230 134（2口タイプ）
［バーベキューグリル］ガゲナウ：VR 230 434
［キッチン床材］
IOC：サンドストーン（ローズウェーブ）
［キッチン照明］
セルジュ・ムーユ：アプリク・ミュラル・ドゥブラ・ピヴォタン

:INTERIOR SPEC

［ダイニング床材］
オーク材（ホワイトオイル仕上げ）
［ダイニングテーブル］
ジェルバゾーニ：グレイ（天板オーク材）
［ダイニングチェア］
モーイ：カーボンチェア
［ダイニング照明］
モーイ：メタルラックシリーズ
［ソファ］E&Y：ホックニー
［アウトドアチェア］メトロクス：アカプルコ
［サイドテーブル］
ピート・ヘイン・イーク：スクラップウッド

:KITCHEN

プランと販売：クライス&カンパニー
キッチン：ブルトハウプ（ドイツ）
TEL03・6418・1077
https://tokyo.bulthaup.com

:ARCHITECT

S.O.Y. 建築環境研究所
山中祐一郎
TEL03・5925・8735
http://www.soylabo.net/

: キッチン&リビング平面図

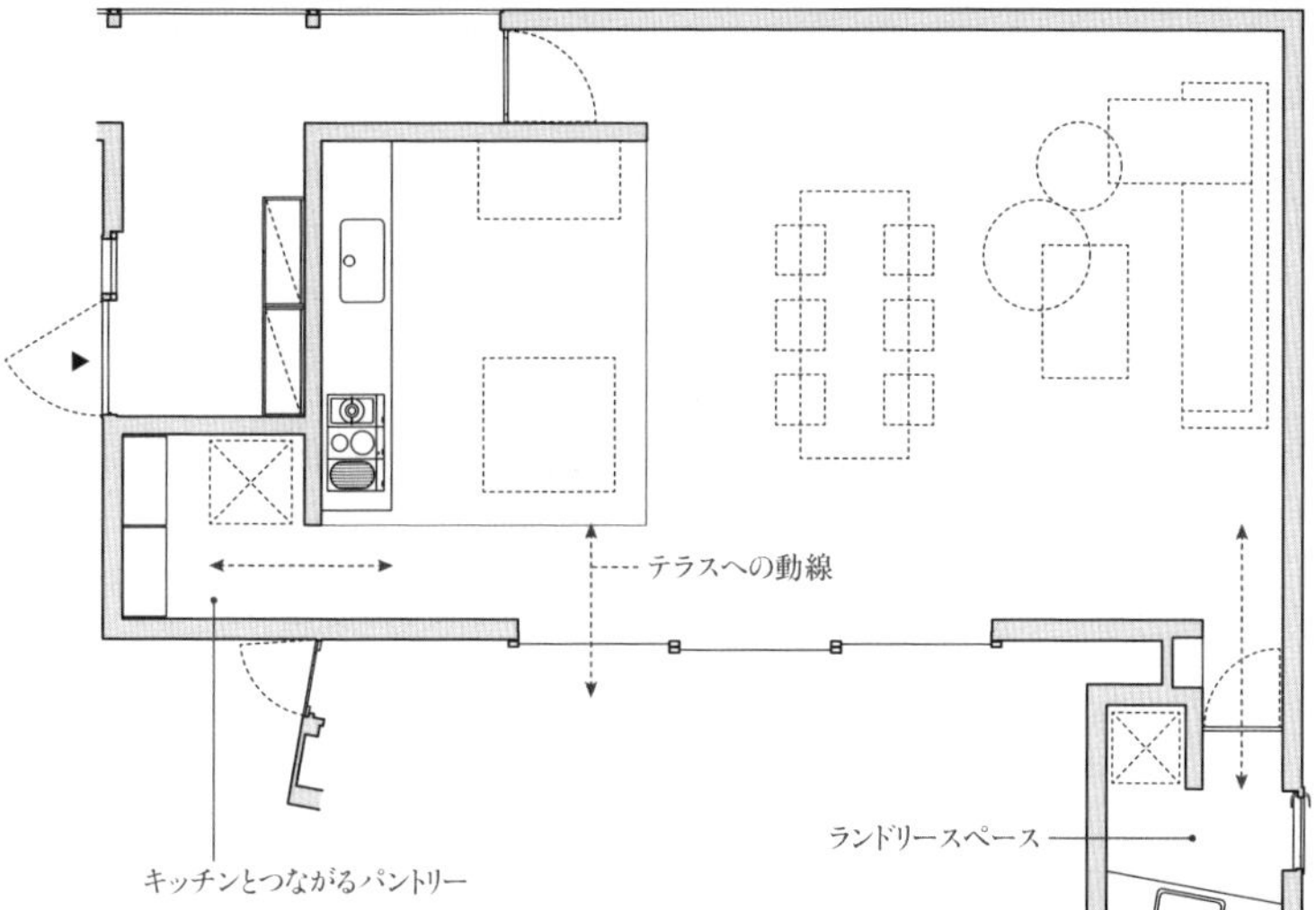

: キッチン立面図

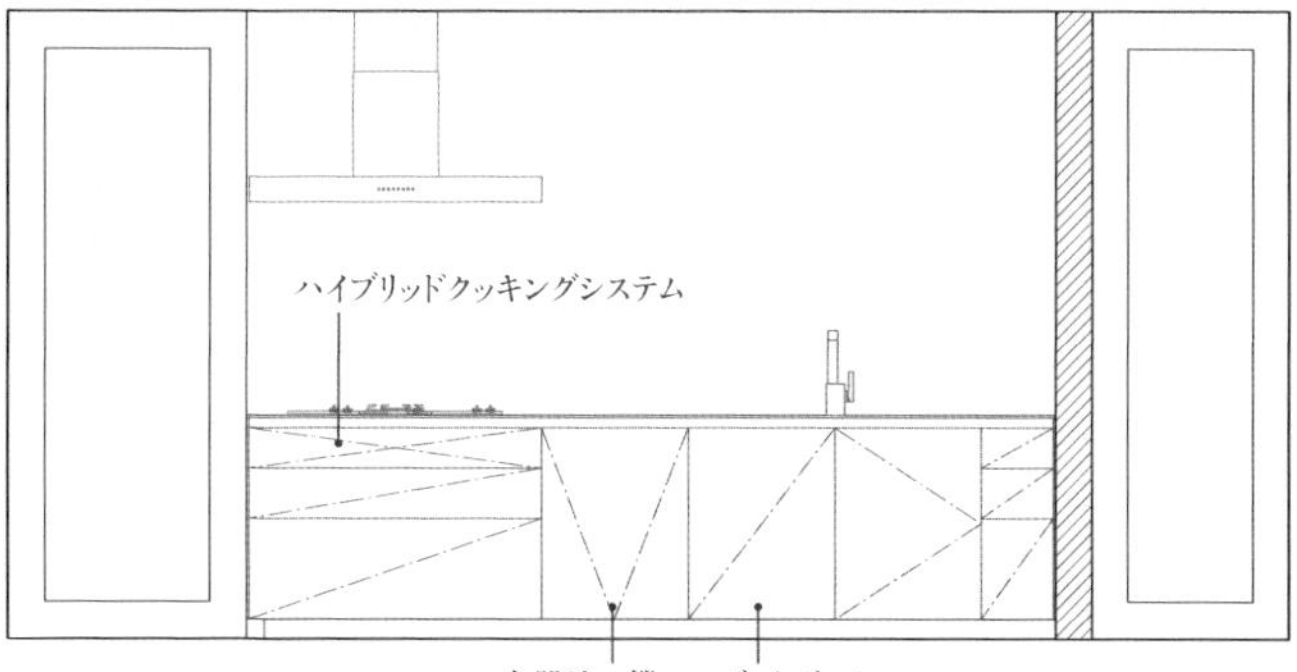

: キッチンキャビネット詳細図

PLACE OF THE MORNING SUN

My REAL KITCHEN／8

Kaco's Kitchen

Kitchen:
Custom kitchen

Brand:
cucina

House:
Renovation

Location:
Kanagawa

シンクまで真っ白なキッチン。ミーレの大きな食器洗い機に、シルバーのガスコンロとIHクッキングヒーター。キッチンの向こうに見える熱帯魚水槽もキッチンと一緒に製作したもの。

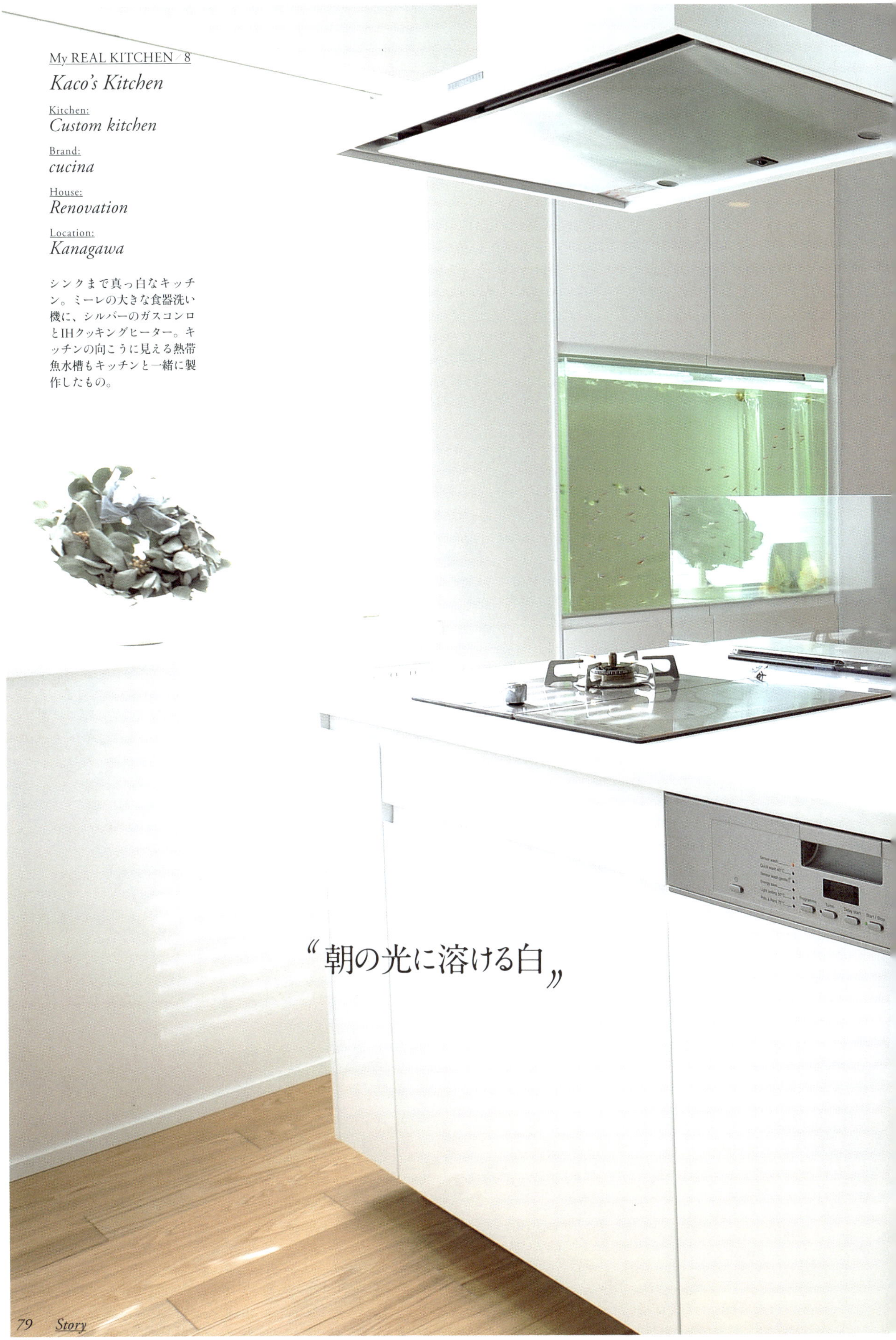

"朝の光に溶ける白"

Along with the heart of tea ceremony.
モダンなキッチン空間を「茶道の心」で

茶道というのは、おもてなしの究極の段取り。そして料理というのも、支度から食卓まで流れるひとつの動きなのだということを教えてくれたのが、この家に住む、かこさんです。リノベーションで実現したのは大きなアイランドキッチン。その後ろにウォールキャビネット。キッチンの裏にはパントリースペースを設けています。キッチンは、潔い白です。

「以前の家が暗かったので、キッチンリノベーションで清々しい空間がほしかったんです」

――キッチンメーカーを選んだ決め手はなんでしたか？

「予算も納期もわかりやすく、リフォーム会社さんと取引もあったカスタムキッチンのクチーナに決めました。キッチンそのものに、凝ったデザインは求めませんでしたが、使い勝手はよく考えてお願いしました。ランドリー空間や長男が飼う熱帯魚の水槽まで製作をお願いしました」

――キッチンプランは何から考えましたか？

「やっぱり自分を整理する作業です。キッチンの道具や食器のリスト、何をどう使うかをすべてメモに書き出しました」

――アイランドには幅2m50㎝の大きな引き出しがあります。

「ダイニングテーブル側に向かって開きます。カトラリーやお箸、小皿など食卓で必要になるものを収めてあり、どこに何があるか、ひと目で見渡せるので、誰にでも食卓の用意を手伝ってもらえます。キッチン側で料理する人を邪魔にせずに、カトラリーやお箸、取り皿を出していけます。文房具も入ってますので、テーブルで事務作業をするときも便利です。既製品ではできないサイズの幅の広い引き出しで、本当にできるのかな？　と。私も出来上がりを見て感動しましたよ」

——キッチンはどんなふうに使っていますか？

「コーヒーやパンの食事、和食、それぞれの用途に合わせて、収納は縦の方向にひとつの動作をまとめました。炊飯器、お茶碗、お椀、折敷、米びつまでの和食動線。コーヒーや紅茶も豆や茶葉で淹れ分けますので、各種のマシンやポット、カップ類、モーニングプレートなど朝食動線。パンを焼くトースターもすぐそばに入っています。どこに何が何のために入っているか、家族全員がわかっているからチームプレーのように支度ができます」

——流れるような動線が想像できます。

「洗いものは大きな食器洗い機にどんどん入れます。洗い終わったものはアイランドに出して、ほとんど動かずに元の位置に戻せます。茶道というのは、何が起こるか、その先を考えてひとつひとつの動作や道具の意味があります。無駄を省いて、本来の目的に達します」

——リビングはキッチンとまったく切り離した別室ですね。

「キッチンとリビングを分けたのは、既存の住まいの間取り上の制約ですが、キッチン空間とは別の雰囲気なので、混ざらなくてよかったです。主人もインテリア好きで、家具はできるだけ一緒に、見て回りました。椅子やキャビネットはイタリアのチェッコティ・コレッツィオーニ社の家具です。扉の格子の刻みや、背のデザインなど、見た瞬間、感じるものがあって、これも私の大事な一部です」

——リビングはこぢんまりしていますが、とても落ち着く空間です。

「小さい頃から母親に茶道を学んできました。お茶の味や器だけではなく、私が体感的に学び取ったことは、茶室の中の空間の距離感や緊張感でした。掛け軸やお釜、お花などのしつらえ、削《そ》ぎ落とされた中にも空気感がある。作法や合理性の先に、おもてなしの心がある。それを自然に感じとっているのかもしれません」

　お茶の心というのは動と静。流れでもあり、構成美でもあります。キッチンとリビングをひとつながりにする間取りもいまは増えていますが、かこさんはリビングとキッチンを分けて、それぞれ違った自分自身を表現したのです。

ドライフラワーのリースやフラワーアレンジメントは、おもてなしの心。集まりのときのテーブルに欠かせないものだそうです。

椅子とテーブル、キャビネットはチェコッティ・コレツィオーニ。ソファはアルフレックス。こげ茶がかった紫の張り地を長く愛用。床の絨毯は質感豊かなグレー。

Dignity and Tranquility is a part of Relaxing

リビングは礼拝堂のように静謐に

母譲りの茶道のこころで、コーヒーも紅茶も丁寧に淹れるのが習慣。「デロンギのエスプレッソマシンと、デバイススタイルのコーヒーマシンを2台、使い分けています」。コーヒー豆はミルで挽き、ミルクもフォーマーで泡立てます。

コーヒーマシンの入る家電収納が目の高さにあり、その上の棚がコーヒー豆や茶葉のストック、その下の棚を朝食用プレートやコーヒーカップの収納に。関連するものを上下の動線でしまうことで使いやすくなります。

Details

目的にかなった理想の“収納道”

コーヒーからパンまでスムーズに

左・コーヒーは豆の味で飲み分けることも。パンを切ってオーブントースターで焼いてお皿にのせてまでがワンゾーンですみます。右・カトラリーは食卓側で用意。

和食のゾーンは土鍋からお米まで

炊飯器、土鍋、ご飯茶碗、汁椀、米びつまで縦方向に一直線に並んだ、和食ゾーン収納。ご飯を炊くところから、盛り付けまでが無駄なくできます。

白いキッチンに似合うシルバー

最近増えているのガスとIHのハイブリッド熱源。IHをシンク側(作業側)に配したことで、調理スペースとしても使うことができます。

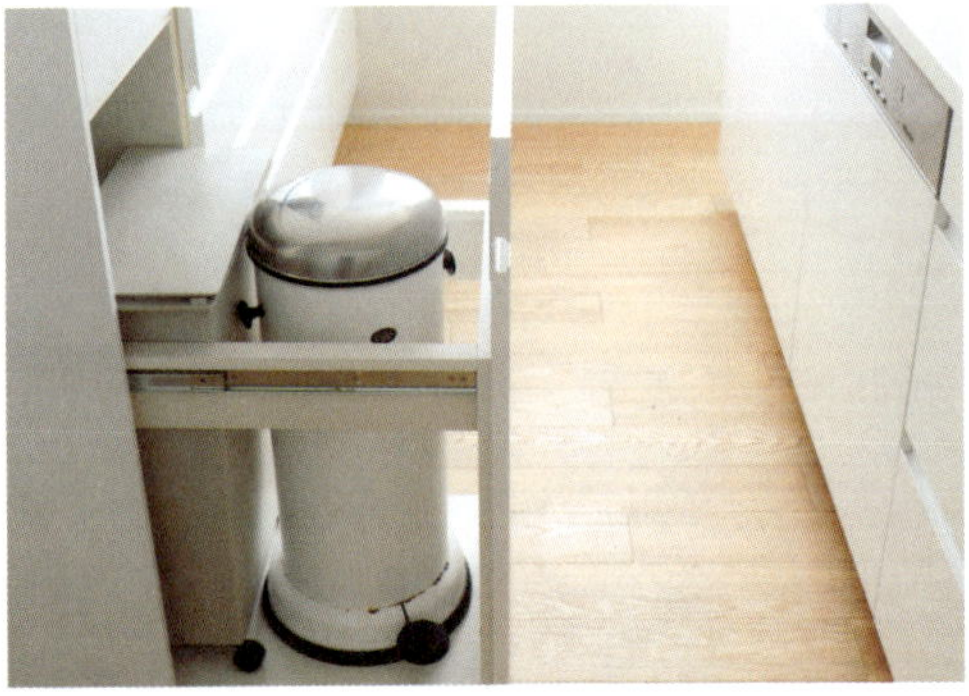

愛用するゴミ箱専用の場所

長く愛用するデンマーク製のフタ付きゴミ箱は、理髪店用に開発されたものだそう。これがぴったり入るサイズの引き出しをオーダー。

洗面やランドリーも一緒にオーダー

キッチンと一緒にオーダーした洗面空間。ドラム式洗濯機を洗面キャビネットに組み込みました。キャビネット下はスペースを空け、足先が入りやすく、浮遊感を演出。

料理中の洗いものも食器洗い機へ

テーブルと食卓の距離が近いオープンキッチンでは、大きな海外製の食器洗い機は絶対に必要だったもの。料理中に出た洗いものはすぐに入れてしまいます。

Plan

シンプルなキッチンをめぐる収納動線

Info

:HOUSE DATA

［家族構成］夫婦+母（80代）
［工事形態］一戸建てリノベーション
［キッチン空間の面積］13㎡
［リフォーム設計］三菱地所ホーム

:KITCHEN SPEC

［キッチン］
クチーナ
バックセット／扉材：ブライト　ホワイト
アイランド／扉材：ブライト　ホワイト
［ワークトップ］
人工大理石：モデスト「スーパーホワイト」
［シンク］
人工大理石：コーリアン
［水栓金具］
グローエ：ミンタ
［食器洗い機］
ミーレ：G 5100 SCi
［ドミノ式IH クッキングヒータ］
リンナイ：マイチョイス（メタリックシルバー）
［ドミノ式ガスコンロ］
リンナイ：マイチョイス（メタリックシルバー）
［オーブン］
パナソニック：NE-WB761 NCN
電子レンジ機能付き
［レンジフード］
アリアフィーナ：フェデリカ（テクスチュアホワイト）

:INTERIOR SPEC

［ダイニングテーブル］
イタリア製を購入
［ダイニングチェア］
アルフレックス：NY チェア
［ソファ］
アルフレックス：SONA
［リビング収納］
チェコッティ・コレッツィオーニ
［リビング照明］
コイズミ照明

:KITCHEN

クチーナ（モーリコーポレーション）
TEL03・5458・5500
http://cucinastyle.jp

: キッチン平面図

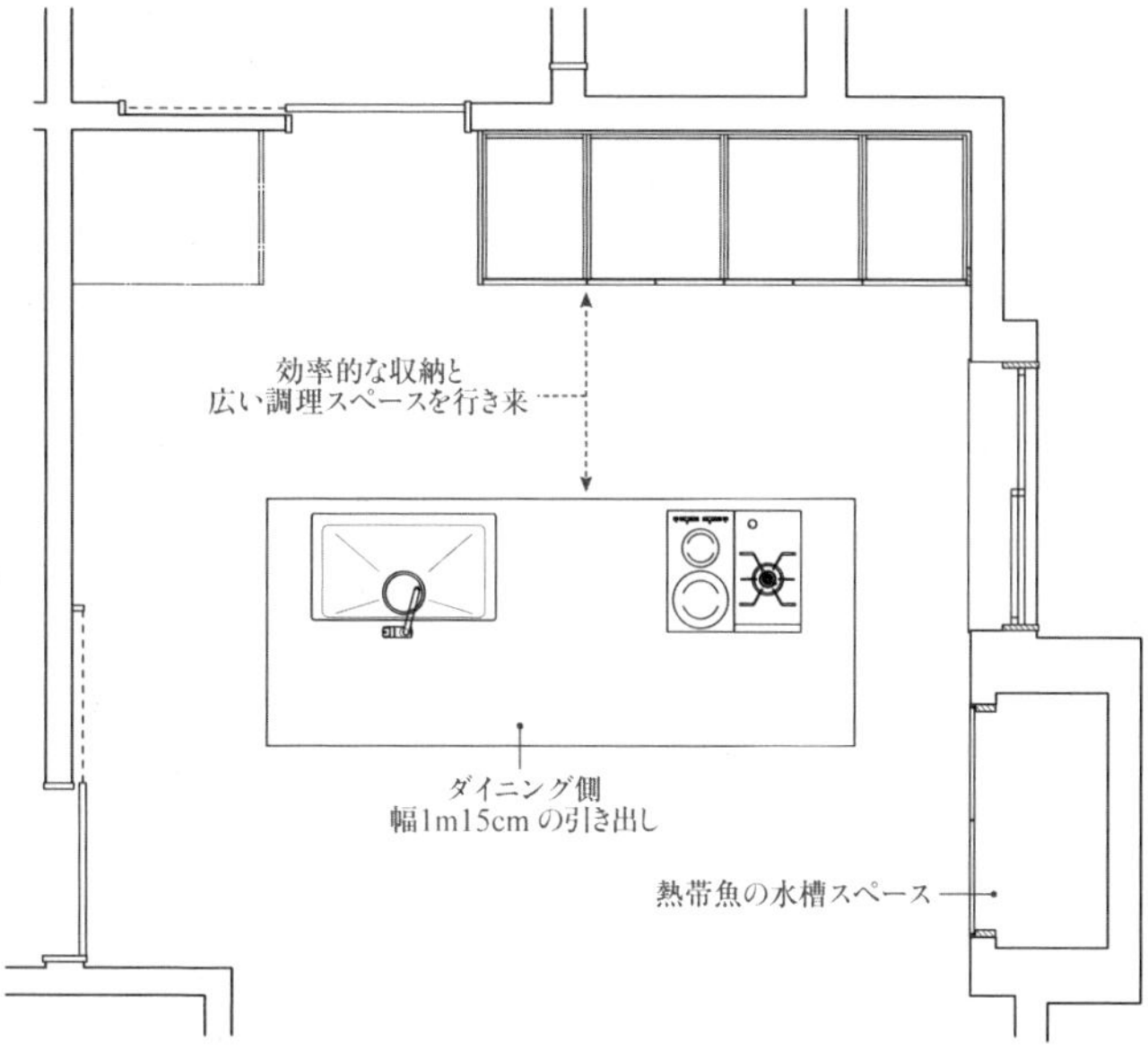

: 壁側キッチン平面図

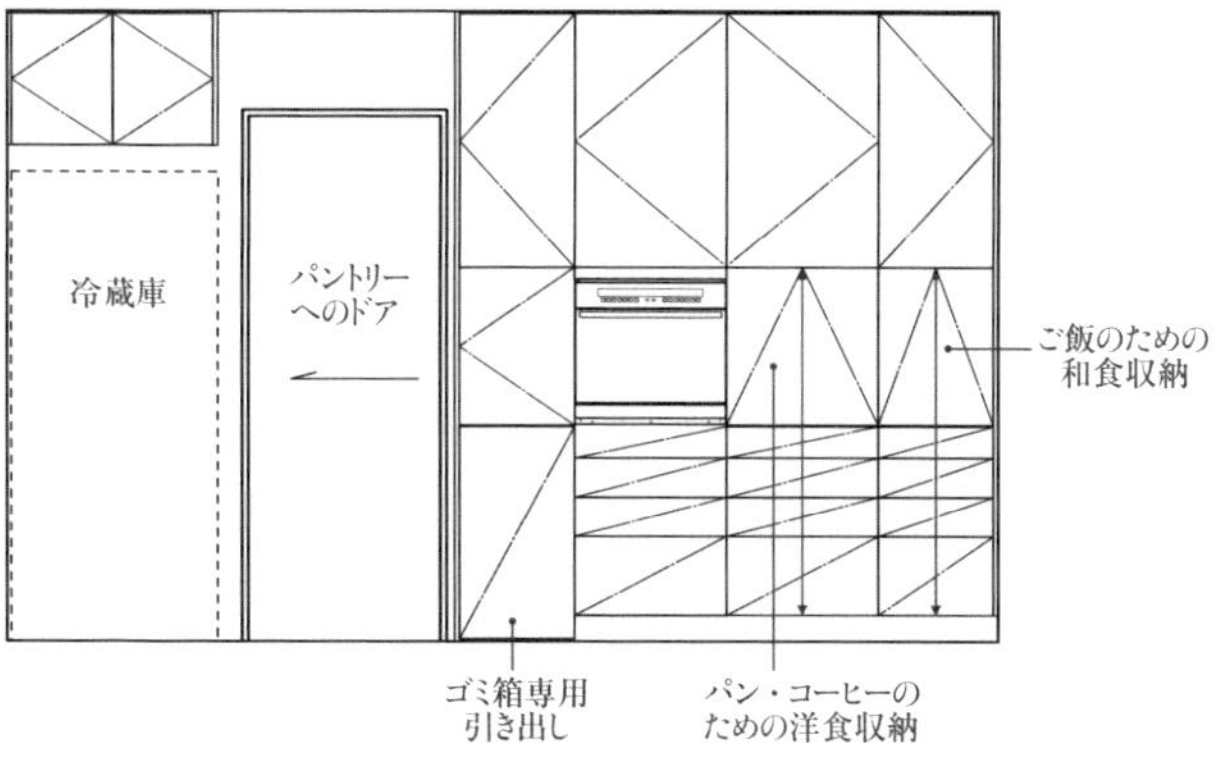

: アイランドキッチン平面図

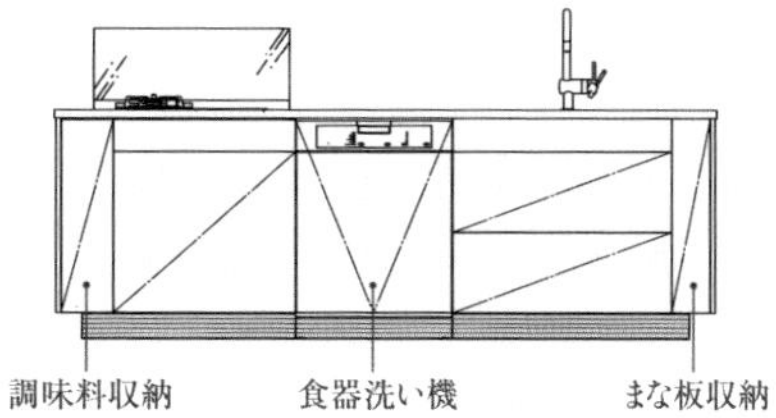

WELCOME
HOME

“『お帰りなさい』が似合う場所”

My REAL KITCHEN 9

Ikeyama's Kitchen

Kitchen:
Order kitchen

Brand:
INTERTECH

Architecture:
Takahito Naganawa (Baroquck)

Location:
Nagoya

タイルの壁にウッドスリットのアイランドキッチン。スモーキーブルーの造り付けキャビネット。中央のダイニングテーブルは、ブラックチェリーの無垢材を使っている。

It all started from the "Golden bell"

決まっていたのは〝ゴールデンベル〟

「最初にイメージにあったのは、フィンランド・アルテック社の照明〝ゴールデンベル〟の真鍮色。この照明が吊り下がっているキッチンでした」(夫)

「特に料理に凝っているとかそういうことではなく、インテリアが好きでそこからキッチンを考えました」(妻)

そんなお話から二人のキッチンの話ははじまりました。キッチン空間に好きな照明を飾る。そんな考え方が普通になっているのだと感じたのは、このときの取材からでした。一般企業に勤める夫と、看護師の仕事をする妻。二人の趣味はインテリアの店を見て歩くことです。

新築にあたって建築家の長縄貴人さんに設計を依頼しました。イメージを伝えて、家づくり全体の方向の中で、長縄さんがキッチンのデザインを起こし、それをオーダーキッチン会社のインターテックが具体的な形にしていく。そんな流れでキッチンづくりは進みました。建築の中のオリジナルキッチンですが、二人が好きな家具のテイストが存分に反映されています。

――住まい全体のイメージはどう伝えましたか?

「家はつつましい平屋がよかったんです」(妻)

「イメージにあったのはフィンランドの建築家、アルヴァ・アアルトが1959年に設計したメゾン・カレ。天井の高さを抑え、横に長い窓を持つギャラリーハウスでした」(夫)

――〝ゴールデンベル〟の下にはどんなキッチンをイメージしましたか?

「材料や色は具体的にわからなかったので、その下のキッチンはよく行くコーヒースタンドや雑誌で見たスターバックスのカウンターにヒントを得て、長縄さんにイメージを伝え

ました」（夫）
その話から長縄さんがデザインしたアイランドキッチンは、ブラックチェリーの無垢材を幅3㎝のスリットにして横方向のストライプ貼りにするオーダーメイド。アメリカ西海岸のホテルやカフェのような雰囲気です。
「スリットって幅のバランスが難しいと思います。幅や木材の色合いで和風やカントリーに見えることもある。わが家のキッチンのスリットは、絶妙な間合いが、僕たちが選んだ家具の雰囲気に似合っています」（夫）
——建築サイドとオーダー製作の息が合ったからできたことですね。
「アイランドキッチンのワークトップは調理側から料理を並べて、テーブルに出すまでのワンクッションになります。なのでグレイのキッチン側と、レトロな木のアイランドやダイニング側とつなぐ色として考えて、くすんだような味わいと粒感のあるグレイのクォーツストーンに。セラミック、木、ステンレス、タイル。たくさんの素材を使ったキッチンをまとめてくれました。二人が好きなカーキ系やグレイ系の色にも調和します」（妻）
——ダイニングは家具ギャラリーのようです。どうやって集めたのですか？
「実は東京まで遠征しました（笑）。子どもができる前は、休みが合えば二人で東京のインテリアの名ブランドストアやヴィンテージ家具店が並ぶ目黒通りなど、いろんな家具を見ました」（妻）
「セブンチェア、Yチェア、ジャン・プルーヴェのスタンダードチェア、アルテックの69チェア、ヴィンテージなら名前のない椅子まで、1脚ずつ集めるのが楽しかったですね。形はそれぞれ違いますが、素材は木を選んでいます」（夫）
——キッチンができてみてよかったなあと思うところは？
「二人で料理できるし、友達がたくさん来ても窮屈な感じがありません。いつもみんな、家に帰ったような気分で過ごしてくれます」（妻）
そんな二人の家には、もうすぐ新しい家族が増えます。〝ただいま〟の声がまた増えそうです。

ずっと集めてきた名作椅子やヴィンテージを1脚ずつ並べています。テーブル上の重厚な照明は、長縄さんが住まいのイメージから起こしたオリジナルデザイン。

Surrounded by favorites

好きなものをひとつずつ

忙しい朝も並んで身支度できるダブルボウルの洗面所。デスクスタイルで、座ってメイクができます。家族が増えてもゆとりあるスペース。

ダイニングから玄関側を見る。モスグリーンの壁の向こうに広い玄関が見えます。

キッチンの壁は釉薬を施したデザインタイルで、目地を濃色にしてアクセントをつけています。ワークトップはステンレスのバイブレーション仕上げで温かみを。

天井高2.5mのリビングは落ち着いた雰囲気。アルヴァ・アアルトの「メゾン・カレ」を思わせる横に長いピクチャーウインドウが、外の緑を絵のように取り入れています。照明は1952年にセルジュ・ムーユがデザインしたもので、３本のアームで角度を調整して光を当てることが可能。

Details

素材と機能のベストミックス

実用的な場所はマットグレイで締めて

壁側のキッチンはマットグレイのメラミン材でまとめています。ワークトップは調理の作業で使いやすいステンレスのバイブレーション仕上げに。

インテリアとキッチンを結ぶ色柄は?

ワークトップはシーザーストーンの「ダスティストーン」という色。シンク回りの水はねや調理中の汚れに強い素材。水晶と樹脂を混合した石のような質感です。

ヴィンテージ家具のような造作収納

ヴィンテージ家具のような造り付け収納。幅110cm×奥行65cmと大きめで食器、ストック食材などをしまえる。IHの下は入る幅の広い引き出しに。

コーナー部の収納はシンプルに

L型キッチンのコーナー部は、観音開き扉の斜めのキャビネットに。「奥まで手が届くので、使いやすいです」(妻)。こういった収まりもオーダーキッチンだからできること。

テーブルみたいに集まれる

「カフェをイメージした」という言葉通り、アイランドキッチンはテーブルのように使うことも。幅2m10cm奥行90cmで、調理スペースも十分。シンクも大きめに。

オークとブラックチェリー、セラミック

キッチン床材は墨色の美濃陶石。赤みのあるブラックチェリー材に、床のオーク材。本物の素材によるマテリアルミックスが暮らしの景色になる。

Plan

プライベートとパブリックを絶妙に分けて

INFO

:HOUSE DATA

［家族構成］夫婦+子ども
［工事形態］新築一戸建て
［キッチンダイニングの面積］36.63㎡
［キッチンの面積］14.85㎡

:KITCHEN SPEC

［キッチン］
アイランド／扉材：ブラックチェリーの無垢材をストライプ貼／ワークトップ：シーザーストーン（ダスティストーン）
壁側キッチン／扉材：メラミン TK6607／ワークトップ：ステンレス 20㎜厚（バイブレーション仕上げ）
［シンク］
特注オリジナル製作：ステンレス（洗剤ポケット付き）
［水栓］グローエ：ミンタ
［レンジフード］
アリアフィーナ：フェデリカ（テクスチャブラック）
［食器洗い乾燥機］ガゲナウ：DI 260 411
［IH クッキングヒーター］テカ：IR 933 HS
［キッチン壁のタイル］
DAINAONE：エトルリア MET-75B
［ダイニング上の照明］
アルテック：ゴールデンベル（ブラス）
［キッチン床材］
美濃陶石：クーフォー 300 × 300㎜
［キッチン収納］造作製作（塗装仕上げ）

:INTERIOR SPEC

［ダイニング床材］
オーク無垢材　幅 12㎝
［ダイニングテーブル］
建築家によるオリジナルデザイン特注品（天板ブラックチェリー）
［ダイニングチェア］
アルテック:69 チェア／ヴィトラ:スタンダードチェア／フリッツ・ハンセン：セブンチェア／カール・ハンセン&サン:Y チェア／ポール・マッコブ他1脚はヴィンテージ
［リビングのソファ］
建築家によるオリジナルデザイン特注品
［リビングの照明］
セルジュ・ムーユ：アプリク・ミュラル・ドゥブラ・ピヴォタン

:KITCHEN

［オーダーキッチン製作］
INTERTECH
https://www.inter-tech.jp
TEL 052・777・0066（名古屋）
03・6868・5279（東京）

:HOUSE

［住宅設計］
バロック　長縄貴人
http://www.baroquck.com
TEL052・218・7155

: キッチン&リビング平面図

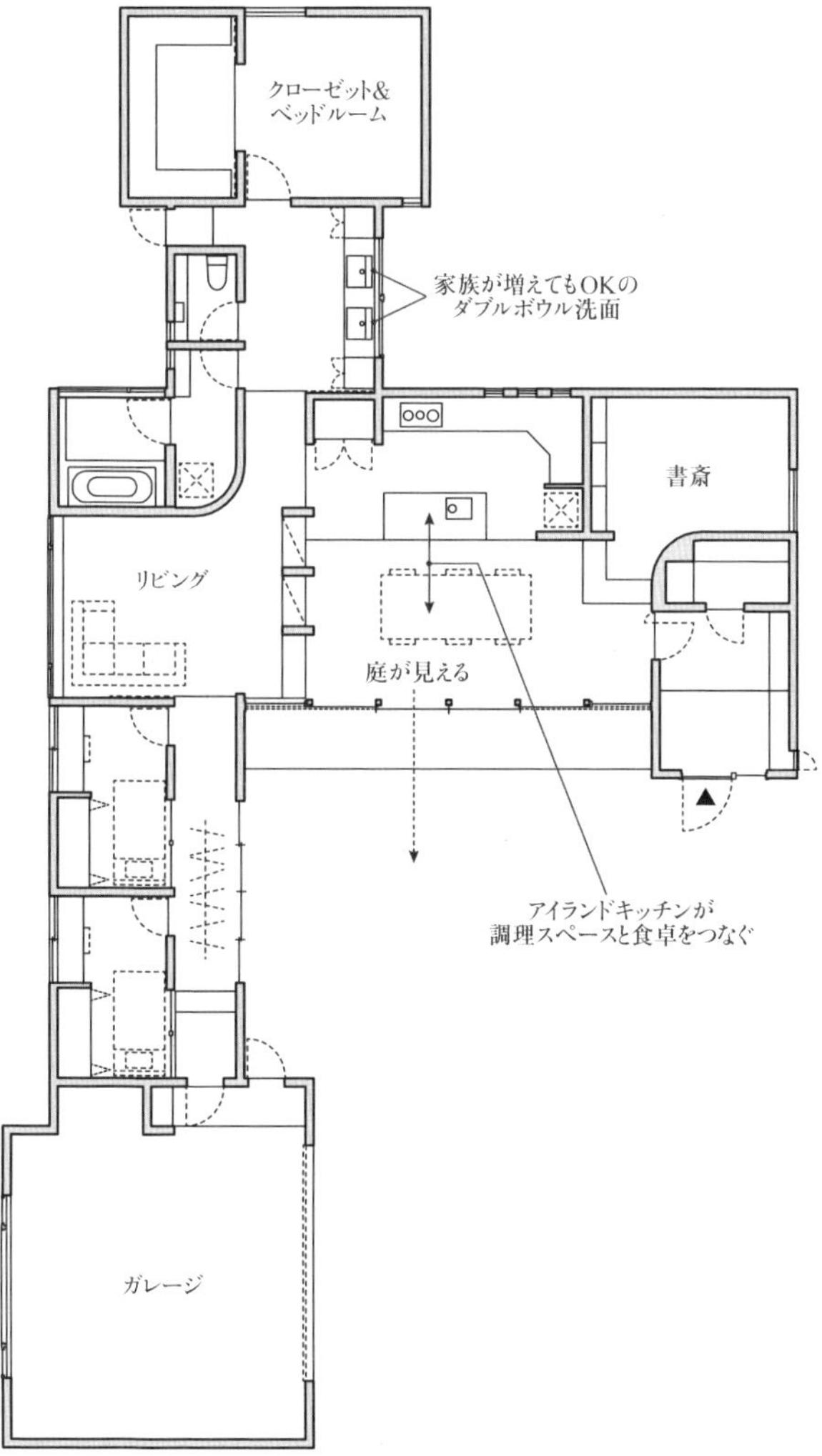

: キッチン平面図

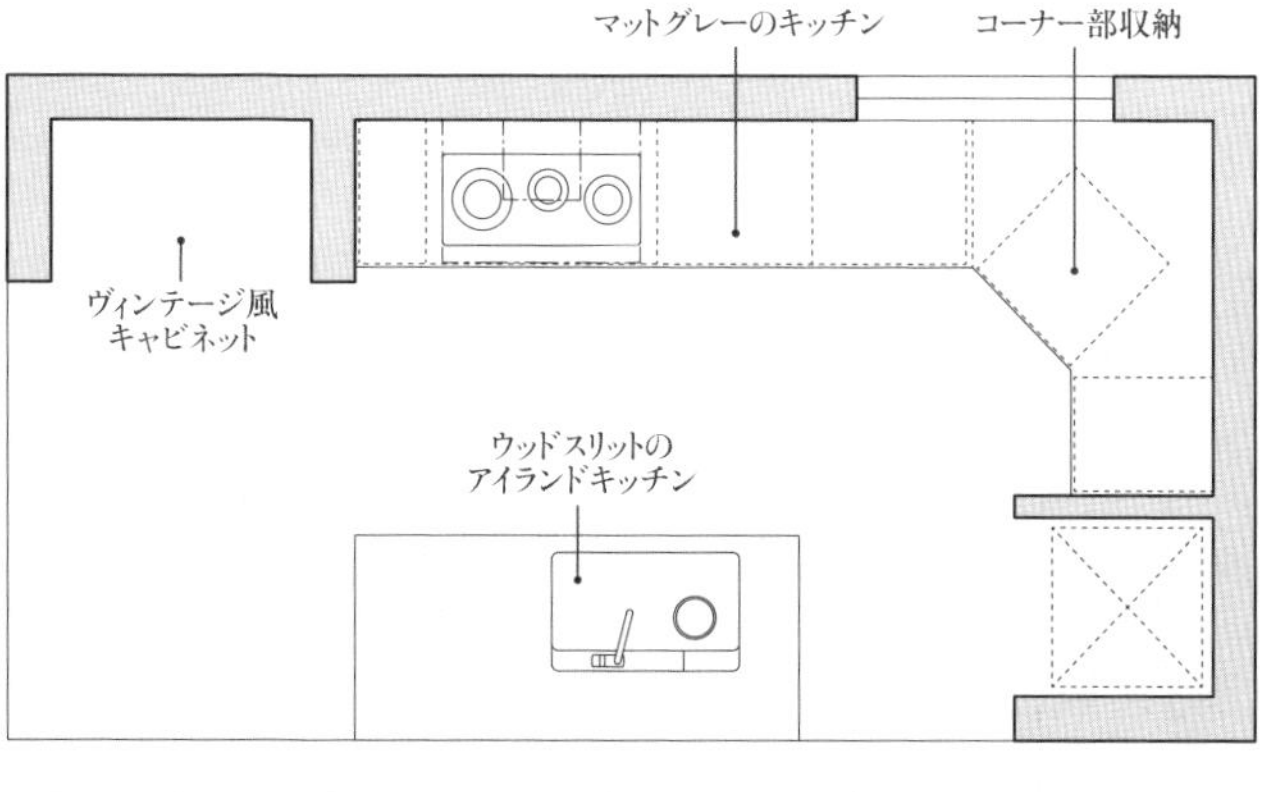

TASTE MAKER

Jun&Kei's Kitchen

Kitchen:
Order kitchen

Brand:
Linea tarala

House:
Sumitomo Ringyo

Location:
Tokyo

クリップボードのような壁が印象的なキッチンダイニング。イタリア・フロス社の「ストリング」という照明のコードが、グラフィカルに配されています。

“二人が好きなもので満たされています”

Sharing time together in our kitchen

このキッチンなら、もっと一緒に

じゅんさんとけいさん夫婦は、それぞれ仕事を持つ多忙な二人。家を建てるにあたって、キッチンに楽しいアイディアをたくさん出したのは、デザイン好きの夫でした。

――キッチンを何から考えましたか？

「みんなでぐるりと囲めるアイランドであること。それと部屋が白いのでキッチン全体の色もマットな白にして、キッチン照明に合わせて、キッチンのどこかに真鍮のアクセントを入れたいと具体的なイメージがありました」（夫）

――どうしてオーダーキッチンに？

「ハウスメーカーで2世帯住宅を建てることになりましたが、標準品のキッチンではイメージを実現するのは無理。『リアルキッチン＆インテリア』で見たオーダーキッチン会社、リネアタラーラを、最初は見るだけのつもりで訪問しました。プランナーさんが〝よろしかったら図面を見せてもらえませんか〟って。そのまま引き込まれてしまい、とにかく話が楽しかった。すぐにこの人は、僕たちのテイストをわかってくれると直感しました」（夫）

　アイランドと壁側のキッチンの間は1ｍ以上と広く、シンクとコンロが分かれているので、二人での料理もしやすいようなレイアウトです。食器洗い機、鍋やボウル、普段使いの食器などの収納は、すべてキッチンの内側で手が届くように配されています。

――オーダーならではだなあと感じたところはどこですか？

「キッチンの上にイタリアのフロス社のＩＣライト（真鍮のスティックに白い球体の光源がついたライト）を並べて吊るそうと決めていました。ダイニングから見たときに、手掛けの部分に照明と同じ真鍮のラインを入れるデザインにできました。どこにもないキッチンで、まさにオーダーメイドです。そのラインが壁側の収納や食器洗い機のドアの中にも仕込ま

れているんですよ。細かい配慮に感激しました。自分らしいキッチンを使っていると、毎日感じています」（夫）

「私は収納の扉を開けるときです。白いキッチンなのに、棚の内側はオークの木目で仕上げられています。この色の対比が素敵だなあと。キッチンでこんなに手の込んだオーダーができるなんて知りませんでした」（妻）

「キッチンの壁は白系のテクスチャーがあるタイルで自分で決めました」（夫）

――照明はキッチン空間の大きなポイントになっていますね。

「ダイニングにはフロス社の〝ストリング〟という照明を。コードを壁や天井に這《は》わせて、空間でラインを引いたように見せる思い切ったデザインを楽しみました。先輩を家に呼んで遠目でコードの描く線のバランスを見てもらいながら、自分で配線しました」

――キッチンではどのように過ごしているんですか？

「共働きなので週末や平日の夜はできるだけ一緒に家で食事をします。夫は手際がよくて、すべて任せることも多いですね。料理ができたときには片づいています」（妻）

「二人で料理しても、動線がぶつからなくていいです。僕はカレーをスパイスからつくったり、妻はタイで料理の教室に行ったり、料理は二人とも凝りますよ」（夫）

――ダイニングの家具はどう決めていきましたか？

「木ということは決まっていましたが、ナチュラルな感じというよりも、自然の力を感じるので、イタリアのリーバ社の無垢のオーク材のテーブルをどんと置きました」（夫）

「セブンチェアとYチェアは、インテリア初心者の私が選びました」（妻）

「おいおいそれだけはないだろ（笑）、とジャスパー・モリソンがデザインしたカッペリーニと深澤直人のマルニ木工の椅子を僕が選びました。削ぎ落とした姿が好きです」（夫）

「デザイナーの名前やテイストをヒントにして椅子を選んだことなんて、私はなかったです。やっと選べたものは、夫が呆れるほど超定番の名作だったみたいです（笑）」（妻）

それぞれが違う椅子なのに調和しているのは、まるで二人の姿そのまま。かっこいいのにどこかホッとする。それが二人のキッチン&インテリアです。

ジャスパー・モリソンや深澤直人がデザインしたミニマルな椅子、名作デザインなど、椅子のデザインは違ってもオーク材でそろえることで共通感が。

Wired lights, furnished in white.

照明が描くライン、白にオークのバランス

明るい木目や真っ白な空間は料理や小物の素材感を引き立たせます。

収納はオープン棚を組み合わせて、二人らしさを見せる小物を。イームズバード、コッパー色の小物が白いキッチンを彩ります。キッチンの中央にはオーダーで実現したブラス色のラインが、照明の真鍮色のラインと調和しています。

Details

ともに仕事を持つ夫婦の、これからのキッチン

真鍮色のラインがキッチンを走る

照明の真鍮部分をキッチンの金属のラインとして表現したのがオーダーキッチンの解釈力、食器洗い機の縁にまでラインが施してあります。時間をかけて渋い色に。

二人で料理できるベストサイズ

幅1m以上あれば、二人が背中合わせでもぶつからず料理できます。さらに食器洗い機と食器の収納が近い位置にあるため、しまう作業も楽に行えます。

調味料は1か所にまとめて

ガスコンロの脇に奥から引き出せる調味料収納を。ハンドル付きのラックはヴィトラの「ツールボックス」。「料理のときにさっと手に取れてとても便利」だそう。

設備機器もきちんと選ぶ

水栓金具は吐水レバーの細いスティックに、夫がひと目惚れだったそう。普段使いできる2口コンロとハイカロリーバーナーを組み合わせています。

料理が映えるピュアホワイト

ワークトップは人工大理石コーリアンのピュアホワイト。部屋全体のマットホワイトのイメージをオープンキッチンで崩さないように、シンクまで白の人工大理石に。

収納の中まで丁寧な仕上げ

収納の白い扉を開けると、中がオーク木目の化粧材で仕上げられています。民芸の陶器や漆器など、中のものがきれいに見えます。

Plan

アクセスしやすい回遊型プラン

INFO

:HOUSE DATA

［家族構成］夫婦＋子ども
［工事形態］新築一戸建て
［キッチン空間の面積］8.4㎡
［住宅設計］住友林業

:KITCHEN SPEC

［キッチン］
リネアタラーラのオーダーメイド製作
バックセット／扉材：メラミン化粧板ホワイト
アイランド／扉材：メラミン化粧板ホワイト
［ワークトップ］
人工大理石：エコプリモ（ピュアホワイト）
［シンク］
特注オリジナル製作：ステンレス
（ヘアライン仕上げ）
［水栓金具］
KWC：ONO
［食器洗い機］
ミーレ：G 6360 SCVi
［ドミノ式ハイカロリーバーナー］
リンナイ：マイチョイス（ブラック）
［ドミノ式ガスコンロ］
リンナイ：マイチョイス（ブラック）
［オーブン］
シャープ：ウォーターオーブン「ヘルシオ」
［レンジフード］
アリアフィーナ：フェデリカ（テクスチュアホワイト）

:INTERIOR SPEC

［床材］
AD world：NORD　LUT
［ダイニングテーブル］
リーバ：ナチュラウッド
［ダイニングチェア］
フリッツ・ハンセン：セブンチェア
カール・ハンセン&サン：Y チェア
マルニ木工：Hiroshima
カッペリーニ：BAC
［キッチン照明］
フロス：IC ライト
［ダイニング照明］
フロス：ストリング

:KITCHEN

リネアタラーラ
TEL03・3708・8555
https://www.linea-talara.com

: キッチン&リビング平面図

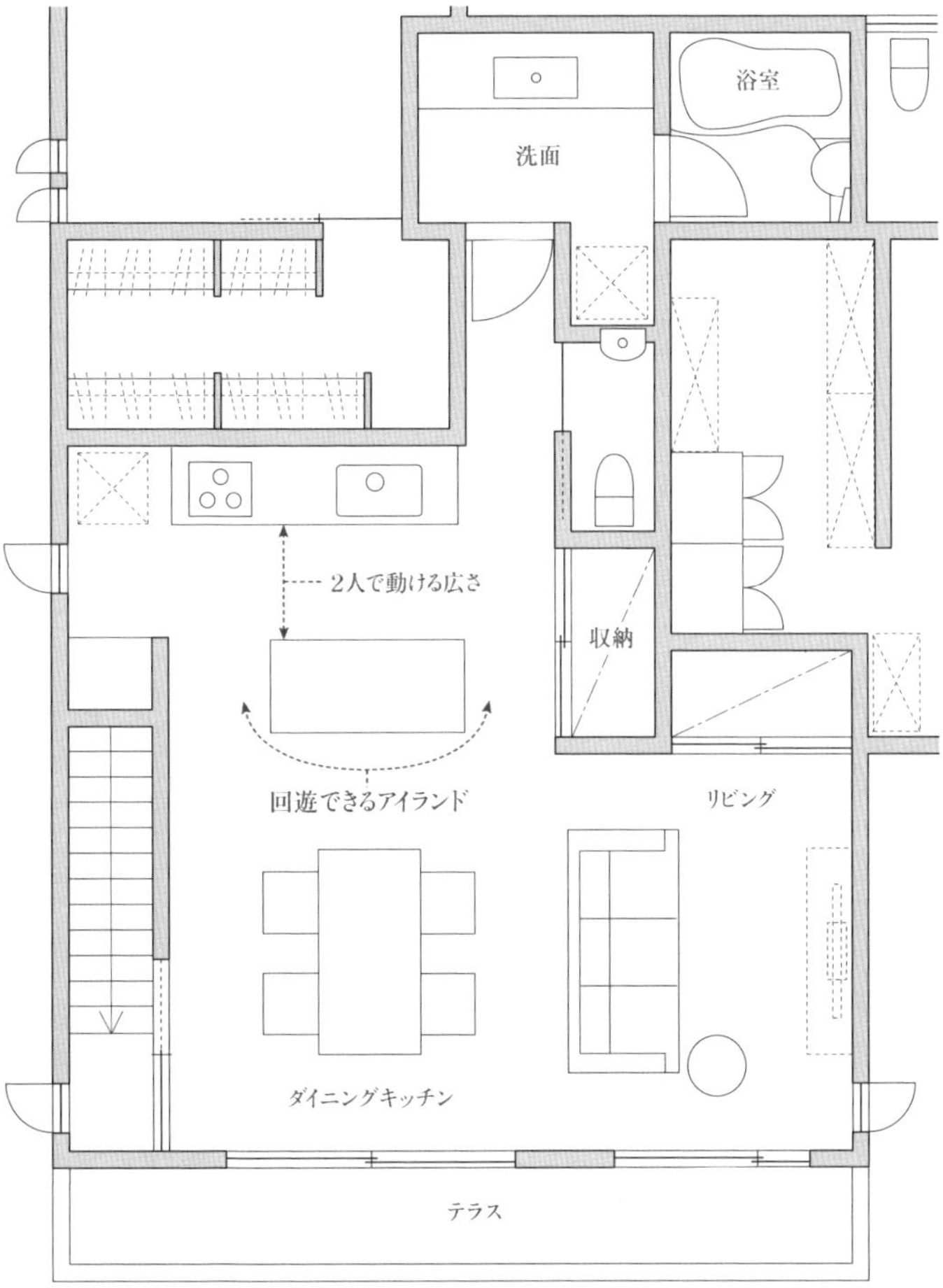

: キッチン平面図

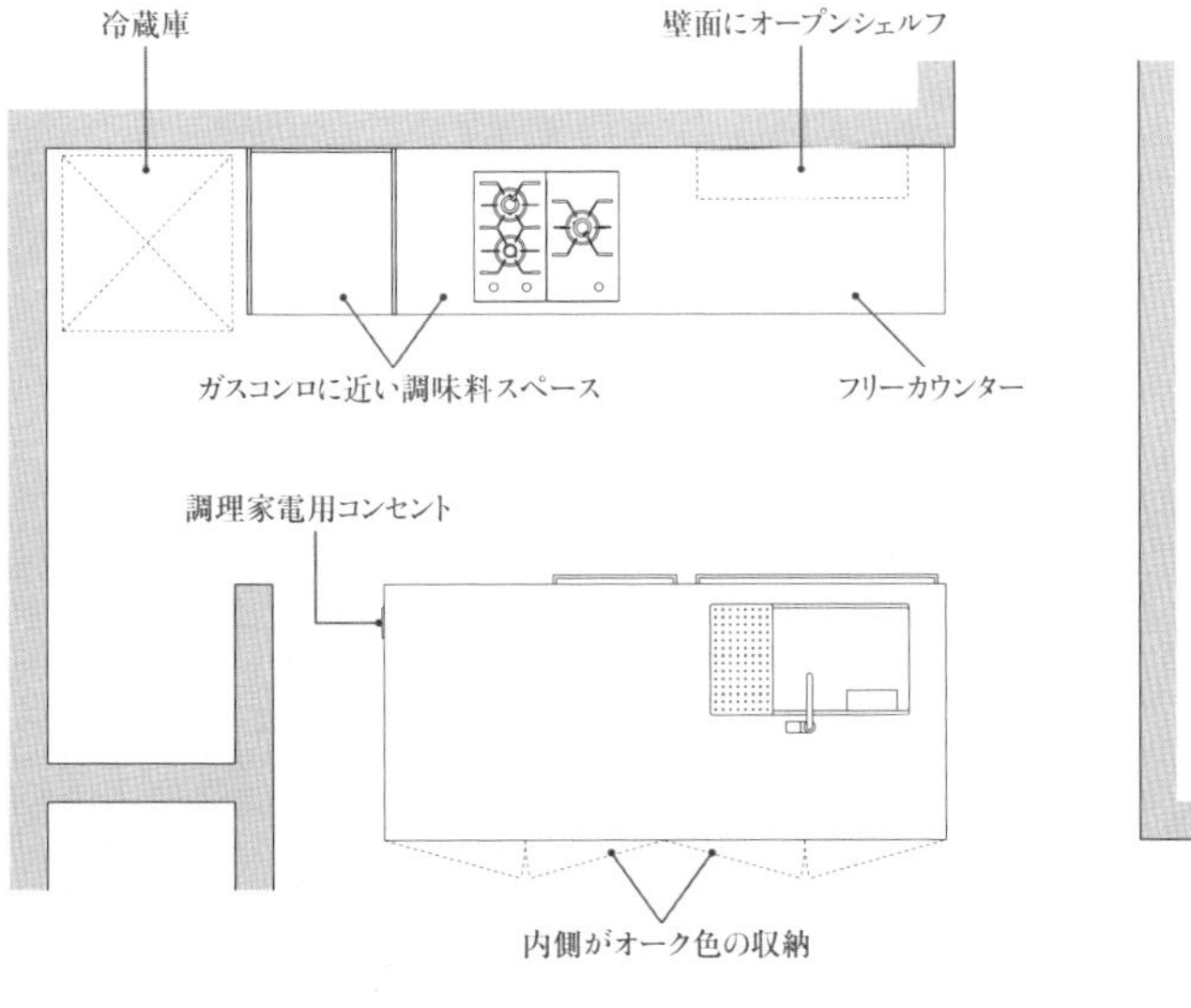

Kitchen Segment

キッチンの新しい考え方

賢い選び方は「考え方」を知ることから

かつてキッチンといえば、ハウスメーカーや工務店が扱うキッチンカタログから最後に選ぶものでした。本当にこれしかないの？　いえいえそんなことはないんです。インテリアキッチンは、日本でも増えています。とはいえまだとても小さいビジネスです。そしてまだまだひとつの大きな言葉でくくれないものが多いのです。

日本では現実的にはメーカーやオーダーキッチン会社など、プロの手を借りながらでないと、理想のキッチンは実現できません。一方で住宅の設計者やハウスメーカーも、情報のアップデートができていないことが多く、長く知られた大手メーカーや使い慣れた会社ばかりをすすめてくることもあります。

本書では個々のメーカーや会社の特徴を説明し尽くすことはできませんが、取材の中で体感した経験値からの「考え方」で分けていきます。頼み方だったり、値段だったり、特徴だったり、その区分けは同じベクトルの上では並べられないのですが、取材で出会った人たちの「キッチンを選んだ決め手」や購買体験なども参考にしています。

- カスタムキッチン
- オーダーキッチン
- アーキテクトメイドキッチン
- ホームケアキッチン
- カジュアルキッチン

本書に登場のキッチンストーリーでは、文章中にキッチンのメーカー名や、なぜ気に入ったか、どういうやりとりがあったか、ということをなるべく盛り込むようにしました。キッチン製品による哲学の違いや、プランナーの個性の組み合わせで手に入るキッチンはガラリと変わります。そのことを踏まえないと、本当にほしいキッチンに行き着かないからです。誰にでも同じキッチンが等しく手に入るルールのない時代になりました。

Custom kitchen

| カスタムキッチン |

インテリアキッチンがほしい人にとって、スタート地点になるのがカスタムキッチンでしょう。すでにあるモデルを持ち、それをもとにプランナーが素材、サイズ、機能などを調整していきますので、デザインのよいキッチンに憧れるが、具体的なアイディアは難しいという人にも挑戦がしやすいです。サンプルや基本プランが豊富で、仕上がりイメージが想像しやすいのがメリット。ショールームも充実しています。

専門工場で注文ごとに製造されます。オーダーキッチンとは違い、メーカー製品になりますので、プロダクトとしての品質の安定感があります。大半の会社ではカタログやスペックブックがあり、そこから組み合わせていきます。

海外のブランドキッチンも手が届きにくそうに見えますが、特定のモデルをカスタマイズしていきますから、大きくいえばカスタムキッチンということになります。

カスタムキッチン 01 | 国産ブランド

キッチンハウス、クチーナ、トーヨーキッチン＆スタイルが御三家で、この3社からキッチンを考えはじめるという人が多いです。デザイントレンドをよく研究していて、日本の生活に合った使い勝手が落とし込みやすいのも国産ブランドならではです。会社によってはカスタマイズをオーダーと自称するところもありますが、そのあたりは個々の解釈によります。

カスタムキッチン 02 | 海外ブランド

日本にも増えてきたのがドイツやイタリアの海外ブランドです。まさに世界のインテリアトレンドと歩みをそろえて開発され、美しいデザイン、緻密なシステムに裏づけられた一流品が多いです。ファッションでも日本の服と海外ブランドは微妙に違いますが、それを想像してもらえるとよいでしょう。

カスタムキッチン 03 | スタイルカスタム

国産、海外という区分けはしにくいですが、フレンチクラシックやアメリカンカントリー、北欧モダン、英国調、ファームハウスなど主に西洋の伝統的なスタイルをもとにカスタマイズするキッチンも根強い人気です。特にカントリーのジャンルは国内生産でのカスタム製作から輸入まで、多くの会社があります。

カスタムキッチン04 | ファニチャーカスタム

家具ショップがキッチンまでつくる。そんなところも増えています。無垢の木の家具ショップやカントリースタイルなど、ダイニングの家具を探しているうちに、キッチンも…ということが多いそう。家具ショップでキッチンを手がけているところは意外と多いので、店頭で聞いてみるとよいでしょう。その家具のファンである場合は、より世界観を統一できます。

Order kitchen

オーダーキッチン

オーダースタイルですから、言葉通り「ゼロからオーダー」することができます。施工例はありますが、既製のモデルやカタログはありません。具体的な希望を持っている人に向きます。

自宅で料理教室をしていて収納や使い勝手に細かな希望がある。インテリアや色などにはっきりとしたイメージがある。スペースが限られている。家具や料理道具など大切にしているものを主役にしたい。オーダーキッチンを選ぶ人の理由は、あまりにもさまざまで聞いているだけで楽しくなります。とはいえ、自分の中のイメージが曖昧、素敵なデザインはほしいけれど、あまり時間がかけられないといった場合は、オーダーにこだわらずにカスタムを選ぶ手もあります。

またやはり担当者との相性やセンスに左右されるのもオーダーキッチン。レストランのお料理のようなもので、依頼主の伝え方とつくる側の受け止め方のかけ合わせで、量産には出ない個性がにじみ出るなあというのも取材で感じるところです。

少人数で営む会社が多く、やむを得ずさまざまな対応に時間がかかることもあります。こういった点をリスクととるか、メリットにするかはあなた次第でもあります。

日本には実は星の数ほどのオーダーキッチン会社があり、以下の3つの分類もほんの一部にしかすぎません。それぞれ個性と魅力があり、ここでは書ききれないのが残念です。ウェブサイト「リアルキッチン&インテリア」では個別の紹介記事を掲載していますので、見てみてくださいね。

オーダーキッチン 01 | フリースタイル

スタートは真っ白なスケッチブックから。当初はものとしての最終形はありませんが、プランナーに希望を伝えながら、それがどんどん形になっていきます。自由に発想したい人にはぜひ挑戦してほしい、もっともオーダーに適したスタイルです。

オーダーキッチン 02 | クチュールメイド

まさにオートクチュール。デザインは自由ですが、洋服のお仕立屋さんのように素材の選び方やデザインの線の引き方、デザインの落としどころに、ある種のルールを持つオーダーキッチン会社があります。何がどうとはいえないのですが、その会社の実例をいくつも見ていると共通の哲学を感じます。

オーダーキッチン 03 | プロスタイル

料理のプロが使う業務用の厨房機器メーカーで、オーダーキッチンの製作を受けるところがあります。レストランやホテルの厨房は現場次第のオーダーメイドといえますので、特注製作はお手のもの。プロの厨房風の仕立ても期待できます。インテリア性を持ちながら、クッキングシステムに特化したいという場合も検討したいジャンルです。

Architect made kitchen

| アーキテクトメイドキッチン |

建築家やインテリアデザイナーなど、空間設計を担う立場のプロが、空間と一緒にキッチンをデザインし、造作工場に発注するケースです。ブランド名は特にありませんが、デザインにオリジナリティーがあり、空間との一体感が秀逸です。また他室やパントリーなど、間取り全体とキッチンの動線関係の計画も、全体を見ながら決めていけます。収納まで細かく設計する人もいれば、全体のコンセプトをつくって、製作工場やオーダーキッチン会社に細かい部分を任せてしまう、という場合もあります。

リノベーションなど、居室と水回りのスペースの取り合いが難しい。限られた広さの中でキッチンのデザインがムードメーカーになるといった場合も、設計者がデザインを起こすことが大半です。現場の悪条件を逆手にとっての素敵な逆転劇が起こるのもこのケース。

Home care kitchen

| ホームケアキッチン |

日本の大手住宅設備メーカーがつくる、家事の効率や清掃性を重視したキッチンを、私はこう呼んでいます。一般的なシステムキッチンといえますが、日本の家事効率を重視した「ホームケアキッチン」と私は呼びたいです。水栓やレンジフード、ワークトップなど最新の技術を取り入れ、お手入れのしやすさや省エネ性を重視して開発され、その機能は毎年のようにアップデートされます。ホームコントールシステムと連動するキッチンも登場しています。

技術的な発想や利便性が重視されるため、実物を見るとインテリア性は劣りますが、家庭でお年寄りから若い人まで使いやすいユニバーサルデザインであること、流通量も多く、コストや納期の調整がしやすいなど、現実的なメリットがたくさんあります。パナソニック、クリナップ、リクシル、TOTOなど。

Casual kitchen

| カジュアルキッチン |

良いデザインのキッチンを手ごろな値段で提供したい。そんな意欲的なメーカーも増えています。若い世代のリノベーションなどで活用されるキッチンや建材のサンワカンパニーや、無垢の木や自然素材をつかったウッドワン、そしてIKEAなどがあります。100万円台ですむこともあります。自由度は制限されますが、ワークトップの素材が選べたり海外のビルトイン機器を入れられるなど、インテリアキッチンが好きな人の必要最小限の要素を取り込んでいます。前出のオーダーキッチンやカスタムキッチンからも値ごろなプロダクト型のキッチンがスピンオフとして開発されるなど、今後もインテリアキッチンの価格帯は大きく変わってくるでしょう。とはいえ、値段の求めやすさだけに振り回されず、長い目で選ぶことを忘れないでください。

Part3

APPLIANCES

憧れのビルトイン家電に
トライしよう

Built-in:1 4つのメリット

Advantages

ビルトイン家電の基本を知る

インテリアキッチンならビルトイン家電にトライしよう

「海外製の食器洗い機を入れたかった!」「大きなオーブンでお料理がしたい」

インテリアキッチンを実現した人の言葉で多いのが、ビルトイン家電への要望。ここではインテリアに美しく収まるビルトイン家電について解説します。

ビルトイン家電とは、キッチンのキャビネットに工事で組み込む家電を総称した言葉です。海外ではインテグレート・アプライアンスと呼ばれることもあります。

オーブン、食器洗い機がその代表です。ガスコンロ、IHクッキングヒーターもビルトイン機器といいます。キッチンのキャビネットと一体化して、動線をつなぎます。最近ではコーヒーメーカーやスチーム機能付きオーブン、スーヴィ(真空低圧調理オーブン)、演出照明型冷蔵庫など種類も広がり、技術の進化も目覚ましいので、最新の食スタイルがビルトイン家電を通じて家庭に普及することもあります。

1　料理から片づけまで動線が流れます。

狭くなりがちな日本のキッチンでも、ビルトインスタイルを取り入れればハイパワーなオーブンやたっぷり入る大きな食器洗い機など、本格的な機能が取り入られるのです。例えばキッチンのワークトップで料理をして、振り向くと目の高さにオーブンがあれば、料理を出し入れしやすく、料理の様子も立ったままのぞける。そんなスムーズな動線を実現できるのがビルトイン家電。食器洗い機もワークトップの下に組み込みます。シンクから食器をすぐに入れられます。流れるような動線が実現するのです。

2　キッチンの機能を立体的に組み立てます。

キッチンのサイズは15㎝刻みでプランすることが多く、多くのビルトイン家電は幅60㎝が基準です。その60㎝の間口に機能を集中させることができるのがビルトインです。例えば垂直方向のスペースを使えます。動き回らなくても、上下左右、手が届く範囲で、料理の機能が立体的に組み立てられます。IHの下にオーブンが入ったり、壁面のキャビネットに目の高さでオーブンを据え付けたり、食器収納のそばに食器洗い機を入れれば、洗い上がった食器を棚へすぐにしまうことができます。スペースの考え方が変わるかも？

3　省スペースでインテリアに美しく収まります。

ビルトイン家電の大半は海外製です。キッチンキャビネットが家具として考えられている背景があるため、インテリアに美しく映えるように、デザインされています。キッチンの景色の中にアームチェアやソファが見えても、ビルトイン家電なら隠してしまえるか、デザインが美しいので空間の中で共存できます。リビングに近い場合など、インテリアを重視するほど、ビルトイン家電が似合うのです。

せっかくできたキッチンにあとから家電を置いて、空間がガタガタになることもなく、キャビネット内のスペースを上手に使って、美しく収まります。冷蔵庫やワインセラーもビルトインできたり、食器洗い機も操作部が見えないようにできたりするなど、キッチンの生活感を隠す役割も果たします。

4　長く使い続けることが前提です。

ビルトインしたら交換が大変そう…いま、日本における海外製品はドイツ製が多く20年〜30年という長寿命の視点で製品設計されています。値段が高額なのもそのせいです。操作部や扉面のデザインがシンプルなのも、インテリアの流行に左右されないように、タイムレスであることを重視しています。なので文字が小さく、ピクトグラムはわかりにくいかもしれません。けれどもそのデザイン性を重視して選ぶ人が増えています。

需要の高まりとともに、海外製品のアフターケア体制はよくなる傾向にあります。とはいえインテリアキッチンと同様、全国的に見れば成長中のものですので、国産メーカーのようなありとあらゆる対応が保証されているわけではありません。サービスにはまだ地域差もあります。「選んだものとの付き合い方」を思い出しながら、ゆっくりじっくり付き合ってみてください。多くのブランドでは購入後も体験イベントに参加できます。

Built-in:2 食器洗い機

Dishwasher

家族の時間を生み出す

おすすめはたっぷり入る、幅60cmの海外ブランド

いまキッチンで採用が一番増えているビルトイン家電は、間違いなく食器洗い機です。幅60cmの大きなタイプで、扉はフロントオープン。ミーレやアスコ、ボッシュなどヨーロッパのブランドが人気です。パナソニックなど国産品は幅45cmの引き出し式が主流です。

2～3段のバスケット（洗いものを入れるカゴ）には、上段に小皿やカトラリー、コップ、下段は鍋や大皿を入れます。家族の食器やお弁当箱、鍋、ボウルまで入れれば、決して大きすぎることはありません。ガスコンロのゴトクや花瓶、水筒、ボトルなど、洗いにくいものも洗えます。さらにインテリア好きに人気のポイントは、操作部のデザイン。白や黒、ステンレスなど、まず操作パネルの色やデザインがシンプルです。食器洗い機がキッチンの中に扉ですっかり隠せるタイプもあります。これはキッチンのインテリア化を前提に、海外で早くから開発されてきたものです。

運転時間は平均で約90分。少ない水量で洗うからです。手洗いでは使えない40～80℃の熱い湯で洗うため、洗い上がりはすっきり、さっぱり。これが気持ちいい。ビルトインする位置はシンク脇、またはシンクとさほど離れなければ食器棚のそばも、洗い上がった食器を戻すときに便利です。テーブルに近い位置も便利で、汚れた食器はシンクを素通りして、食卓から食器洗い機へ――ダイレクト・インがおすすめです。シンクも小さくてすみます。大きな食べ残しはシンクで落としますが、たいていの汚れはそのままでOKです。

バスケットへの食器の入れ方は人それぞれ個性が出るところ。最初は遠巻きに見ていた家族が1年も経てば並べ方に慣れて、自分で入れるようになります。特に男性は「はまる」みたいです。ちなみに海外ブランド食器洗い機の大半は、ワイングラスのステムを引っかけて、洗えるラックがついています。ホームパーティのとき、白と赤でワインのグラスを変えたい、そんなことにも躊躇がなくなります。酔っぱらってグラスをどんどん使っても、誰もワイングラスを洗う必要はないのですから。

Built-in:3 IHクッキングヒーター

IH cooking heater

空間をすっきり見せる

フラットに収まるからインテリアキッチン向け

オープンキッチンでワークトップがすっきりと見えるもの。それがIHクッキングヒーターです。インテリアキッチンではリビングとキッチンがつながっている間取りが多いので、フラットに収まるIHクッキングヒーターは人気です。

見た目は黒い天面にすっとゾーンサークル（加熱部を示す円）のグラフィカルな線が引いてあるだけ。そんなシンプルなデザインだから、使っていないときもきれい。もちろんその上は調理スペースになります。直火が出ないので子どもやお年寄りと一緒に料理するときも安心。人が集まるキッチンでは多く採用されます。

加熱パワーはガスと遜色なく、電磁誘導でお鍋を直接発熱させますから、熱が隅々まで行き渡ります。湯沸かしなどの立ち上がりの速さは驚くほど。鍋の中で対流が起こりやすく、煮込み料理がしっかり美味しくできます。操作部はタッチパネル式が主流ですが、最近は使用感あるダイヤル式もあります。鍋のサイズを自動的に感知したり、吹きこぼれや鍋以外のものが置かれると自動オフしたり、電子制御ならではの多彩な機能も便利です。

最近は鍋の形を選ばずに加熱できるフリーゾーンタイプも、多くのメーカーから登場しています。十字のラインや複数のサークルラインが引いてあり、その範囲内であればどんな形の鍋も使えるのです。小さなミニココットや楕円形の鍋、四角いグリルプレートなど、お鍋が多様化する時代にぴったり。料理道具が好きな方向きですね。

そして本書でも多く登場しているのが熱源をガスと電気で組み合わせるハイブリッドタイプです。これは幅30㎝のタイプでIHやガス、ハイカロリーバーナー（1口の大型ガスコンロ）を組み合わせるもので、ドミノ式コンロ、マルチクッキングシステム、コンビセットなどの名称で呼ばれています。炒めものやしっかり焼きたい料理はガスで、ゆっくり煮込みたい、微妙な温度調節がしたいときはIHで、とみなさん、熱源を賢く使い分けて料理を楽しんでいます。

Built-in:4 ガスコンロ&オーブン

Gas & oven

料理好きが愛する

料理の美味しさと楽しさ、どちらもほしい人におすすめ

ガスコンロや大型オーブン、キッチンを考えるとき、なにはなくともこれがほしかったと話してくれる人は少なくありません。たいていは料理好きで食いしん坊な人たち！　パンやお菓子づくり、ワイン好きが多いようです。火力が強いハイカロリーバーナーで中華はもちろん、パスタのお湯もすぐに沸きます。

それもそのはず、いまの国産のガスコンロは大変進化していて、特にグリル部の進化は目覚ましいです。魚焼きグリルではなく、ミニガスオーブンと呼ぶのがふさわしいでしょう。まずトーストが焼けます。専用ダッチオーブンやココットでパンやケーキ、ポットローストなどの料理ができます。上位機種であれば魚も専用トレーで焼くスタイルに変化し、面倒なお手入れが不要になっています。お鍋で炊く炊飯や揚げ油の温度調整など、オートコントロール化も進んで、料理上手になれます。ごはんや焼き魚、揚げものなど日本の家庭料理に適した機能が充実しているのもガスの特徴でしょう。

立ち消え、鍋温度の上昇を感知する安全機能も充実し、温度制御などのハイテク化も進んでいます。デザインもすっきりとしたものが増えています。ゴトクは薄く軽くなり、食器洗い機があればそのまま入れて洗ってしまえます。ちなみに海外デザインのガスコンロは規制の問題上、いま家庭専用品は日本では買えませんが、一部、業務用のハイカロリーコンロの扱いで家庭に入れられるものもあります。

そしてオーブン。これは電気とガスがあります。ビルトインタイプは大型。高さと間口60㎝で平均で50~70ℓの大容量なので、料理がたくさん一度にできることが何よりのメリット。通常のクックトップと違い、360度、全方向から熱を回します。これは時間も手間もエネルギーも効率的です。さらに温度も電気式でも300℃、ガスならブロイルで800℃まで出る機種があるなど超ハイパワーが得意技。例えばパンを焼くのが好きなのに、高温を必要とするバゲットがうまく焼けない…という人は検討してみてください。

Built-in:5 冷蔵庫&ワインセラー

Fridge & cellar

もうひとつのパントリーに

冷蔵庫は見せる派？ 隠す派？

インテリアを重視するキッチンの冷蔵庫に関しては見せる、隠すの2派に分かれます。ひとつが海外製の大型冷蔵庫をキッチンデザインのポイントになるように、中央に置くスタイル。リープヘルやガゲナウなど、窓のようにワインセラーがついているものが人気です。セラーのほか、アイスディスペンサー付きも多いですから、キッチン、リビングともに近い位置に置けば、ドリンクステーションになります。

隠す派はビルトイン型冷蔵庫が適しています。冷蔵庫にキッチンと同じ扉をつけて、キャビネットに中に隠せる冷蔵庫のことです。閉めてしまえば、キッチンにすっかり隠してしまえます。こちらもインテリアキッチンでは、多く採用されるタイプです。

いずれも幅は1m前後のものなどワイド。庫内容量が平均で650～750リットル、食料品の保存にももちろん大容量が活躍します。価格も高額ですが最近は鮮度保持や冷凍の技術が発達しているので、単なる冷蔵庫というより、生鮮品のパントリースペースとして考えましょう。丸鶏や生ハムのかたまり、ガロンパックのジュースやアイスクリーム、ビッグサイズの冷凍食品も入ります。コストコなどの量販スーパーに通う人やまとめ買いが多い人は、検討してもいいかもしれません。

一般的な冷蔵庫を使う人はキッチンの裏やパントリーの中に見せないように設置するケースが多いですね。まだまだ日本の冷蔵庫のフェイスデザインは販売店の店頭で目立つことが優先されて、インテリアになじまないものも多いです。みなさん、工夫を重ねて隠していますが、料理の動線から離れすぎないように、そこだけは気をつけてください。冷凍専用庫でホームフリージングを楽しんだり、飲みものや保存食専用のミニ冷蔵庫を備えるなど、ライフスタイルによっては2台使いも効率的です。

CHERISHING HOUSE WORKS

Kitchen with built-in appliances_01

"家事がとっても楽しいんです"

Nanae's kitchen

Kitchen:
Order kitchen

Brand:
KOBESTYLE

Architecture:
Tomohiro Ishikawa

Location:
Hyogo

建築家の石川友博さん設計による自邸は、中庭や大窓など視線の抜ける住まい。その中に業務用のようなシンプルなオーダーキッチンが佇みます。

Atelier for our daily life

家事は暮らしを慈しむ作業

慈しむように家事をする――そんな言葉を体感できたのは初めてでした。

建築家の夫と子ども二人と暮らすなえさんのキッチンは、木とステンレスというシンプルな素材の、北欧家具のようなキッチンです。壁側のキッチンのワークトップは温かみのあるアサメラ材、アイランドはシャープなステンレスです。

木の繊細なフレームを組んだような家は、夫の設計思想を見せる場として来客もあります。時には急に片づけなければならない場合も。そんな多忙な日々の中、家事がスムーズに進むように、考えられているのがキッチンです。

――業務用のようなステンレスのキッチンは潔いデザインです。

「料理を盛り付けるのはもちろんなんですが、子どもたちと一緒に工作したり、アイロンをかけたり、大きなアイランドスペースを家事のアトリエのように使っています。ステンレスは最初は傷が気になるかな、と思ったけど意外と味わいが出てきます。何より耐久性がありますね」

使い込まれたステンレスは、自然光を受けて鈍く光っています。その質感がいかにもこの家らしい感じがしました。そしてこのキッチンには、家事に仕事に忙しいなえさんの、心強い味方がたくさん隠されています。

――キッチンもダイニングもとてもすっきりしています。

「家事は暮らしを慈しむ作業だと思うんです。そのために私たちはキッチンや洗面では、いくつかの工夫をしています。ひとつはやっぱりボッシュ社の食器洗い機ですね。キッチンの食器引き出しと、食器洗い機を向かい合わせて配置しました。洗い上がった食器をさっと戻せます。わかりやすいので子どもたちも手伝いやすそうです」

――ドイツ製の大きな食器洗い機は使ってみてどうでしたか？

「幅60㎝と大きいので、調理中に出たボウルやキッチンツールは作業中にどんどん入れてしまいます。だから料理が完成したときはキッチンも片づいています。シンクを大きくしなくても大丈夫でした。乾燥までしてくれるタイプなので、食器がからりと洗い上がって気持ちいいです。食後はすぐに子どもたちと過ごせます」

――小さなオーブンがキッチンの中に収まっています。気づかないほどさりげないです。

「IHクッキングヒーターの下に、高さ30㎝のコンパクトなビルトインオーブンを備えました。お肉や野菜、グラタン、お菓子を焼いたり、子どもたちの大好きな料理が小さなスペースで用意できます。肉料理やパーティ料理は主人がつくるため、オーブンの使い方は彼のほうが詳しいかもしれません(笑)。オーブン料理の食器も、食器洗い機があるから楽に片づけられます。焼け焦げやこびりつきも落ちます」

――洗濯機もキッチンのそばに備えています。

「はい、これもキッチンと一直線に並ぶ位置、でも表からは見えない裏の動線となるスペースをつくって冷蔵庫と洗濯機を収めました。空間も美しく見えます。洗濯機がキッチンに近いと、料理をしながらどんどん回せて、助かっています」

――キッチンは家事を愛せる工夫がたくさん盛り込める場所です。

「洗面台も考えました。朝はバタバタですが、洗面台は細くて長くて両側から使えるように水栓金具の位置を工夫しました。家族で一緒に使える。誰かを待たなくてもいいんです。食事前も兄妹それぞれが手を洗えますし、ふたつの洗面ボウルを備えるより、すっきりとひとつにまとめてしまえるほうが掃除も楽です」

――洗面スペースというより、大きな窓のある空間に洗面台が浮いている感じです。

「なんだかんだで子どもたちは、親のそばで歯磨きや洗面などがしたい。だったら洗面もオープンなスペースでいいんじゃないかなと。天気を見ながら、身支度もできますし、なにより気持ちいいです。家事をする、身支度をする。いつもの暮らしの中で、光や風、無垢の木の床の触り心地や家具の佇まいなど、空間を感じる時間も増えました」

INFO

:KITCHEN

KOBESTYLE
TEL078・857・8424
https://www.kobe-style.co.jp

:ARCHITECT

ISHIKAWA ARCHITECT+ ASSOCIATES
石川友博
http://www.tiaaa.net

ALWAYS WITH ORGANIC FOODS

Kitchen with built-in appliances__02

"そのままの味をいただきます"

MY REALKITCHEN／12

Kayoko's kitchen

Kitchen:
Order kitchen

Brand:
Linea Talara

House:
HOPEs

Location:
Tokyo

奥壁面のビルトインオーブンから手前の食卓まで、流れるような料理動線を限られた住まいで実現したのがこのオーダーキッチンです。

Making our life much more healthier

忙しくても理想の食卓をあきらめない

広さに限りがある日本の家で、流れるような調理動線をビルトイン家電の力を借りて実現したのが、佳代子さんのキッチンです。都心のほっそりとした家で、キッチンは2階の1／3ほどを占める、住まいの中心です。佳代子さんの仕事はモデルです。サッカー少年の息子と夫のための家事をこなしながら、ロケ撮影などのハードな仕事をこなしています。

「モデルという仕事柄、食生活や体調の管理がとても大切。でも家事も仕事も忙しいです。それに外食が苦手で家で食事することが大半なので、キッチンに思い切って予算をかけました。収納、調理、食卓…キッチンに何もかも集約しているので、いろいろなことができます。狭い家でも、本当に必要なものを整理できれば、キッチンは料理以上の役割を果たしてくれる、多機能な家具のようなものですね。オーダーキッチンのリネアタラーラで、つくってもらいました」

——キッチン奥のビルトインオーブンに目がとまります。

「もともと壁にする予定の場所でしたが、調理家電をビルトインすることで、料理できる場所に活用できました。思い切ってミーレ社のスチームクッカー(注)を導入しました」

——スチームクッカーはまだまだ日本では目新しいですね。

「オーブンのような見た目ですが、クッカーの庫内を蒸気で満たして蒸し料理をつくれる珍しい家電です。私の食事は主にスチームクッカーが大活躍！　その下には電子レンジ付きオーブンもビルトインして、つくり置きのおかずを温めたり、お肉を焼いたり夫と息子のための料理で活用しています。毎日のごはんはフランス製の鋳物鍋で玄米を炊いています」

——こんなに働く「キッチンの壁」を見たのは初めてです（笑）。

「すべてが流れ作業ですむんです。おかずは奥のビルトインオーブンで調理し、ＩＨクッ

キングヒーターの上で鍋でご飯を炊き、汁物をつくります。そのままの流れで料理をテーブルに出すことができます。狭いキッチンでは直火の出ないＩＨが便利です。使わないときは、調理スペースに使えます」

――普段はどんなお料理をされるんですか？

「野菜や魚など、素材を蒸したり、茹でたりした料理に、質のいい塩やオイルを添えていただくだけで、満足します。そして美味しいお水はすべての基本です。だから水栓は浄水器一体型です。ぬか漬けや塩こうじ、手づくりの味噌など発酵食品も大好きです。素材の味を生かした料理が好きですから、過剰な機能も広すぎる調理スペースもいらないんです」

――準備がスムーズということは、食後の片づけも同じように流れますね。

「はい、巻き戻しです（笑）。食卓のお皿がシンクに戻り、シンクからすぐ脇の食器洗い機へ入れます。家事動線の流れをイメージ通りに実現したことで、インテリアとしても居心地がよく、キッチンとしても効率がいい理想の場所となりました」

――キッチンとダイニングがとても近いプランです。

「広さに限りがあるので、リビングを省いて茶道のできる和室をつくりました。その分、ダイニングでリビングのように過ごせるよう、椅子を〝ディナーソファ〟という座高の高いタイプにしました。背も座もくつろげるようにソファのように張ってありますが、座高が高めなので食事のときも体が沈まない、チェアとソファの中間のような家具です」

――テーブルもキッチンとつながっているかのようです。

「ウォルナット材の無垢のテーブルは、キッチンと同じ幅１ｍ10㎝で特注しました。家具選びをキッチン計画と同時に進めたから、足りないものも、余計なものもありませんでした。キッチンとインテリアは、暮らしの中で両輪の軸のように回っていると思います」

――そのバランスは、佳代子さんのシンプルな食生活が基礎になっている気がします。

「自分自身の食事管理もしやすく、気持ちにゆとりも生まれました。キッチンはつくづく家族の心と体の健康を生み出す場所だと感じています」

（注）ミーレ社のスチームクッカーは現在は、より便利なスチーマー併用オーブンに進化しています（２０１９年現在）。

INFO

:KITCHEN

リネアタラーラ
TEL03・3708・8555
https://www.linea-talara.com

Part4

BACKGROUND

キッチンはインテリア。
そのはじまりはヨーロッパから

From Europe: ヨーロッパのキッチン

Background

そのはじまりと背景

インテリアキッチンとの出会いはヨーロッパから

インテリアキッチンとの出会いはヨーロッパでの家具取材でした。私がインテリア雑誌の編集者として働いている中で、ドイツのケルン国際家具見本市に新人記者として派遣されました。家具の見本市のメインホールを占めていたのが、デザインの美しいキッチンの数々。1998年当時、すでに産業として成熟していた、家具としてのキッチンとの出会いでした。家具とキッチンの最新情報は、ヨーロッパにありましたので、今日までドイツやイタリア、北欧に60回以上は飛んだでしょうか？　この章では少しだけ、インテリアキッチンの背景を説明させてください。

ドイツで出会った、家具としてのキッチン

「キッチンと食器洗い機を引っ越しで持っていく」

そんな話を最初に聞いたのはドイツでした。そんなことがあるの？

「キッチンは家具と同じように、住む人のインテリアで選ぶデザインが変わってくるし、なによりつくりたい料理や家族の人数で、使い勝手が家族によって違うのが大きいわね。他人のキッチンを使うのは難しいでしょう？　引っ越しのときに持っていくのは当たり前」

キッチンはとてもパーソナルなもの——そういうのです。ドイツの引っ越し業者は簡単なキッチンの取り外し、設置は慣れているのだそうです。

ドイツはシステムキッチンの先進国で、遠い昔、薪や炭を使うキッチンストーブと食器棚、水瓶とシンクに分かれていた台所の要素を、ひとつのキャビネットにまとめて、動く距離を縮め、無駄なく料理や家事を行えるように、考えはじめられたのが発祥です。ですからヨーロッパのキッチンメーカーはキャビネットメーカー（収納家具など箱ものを得意とする木工メーカー）が発祥のブランドが大半です。

ドイツのキッチンメーカーは、扉材のデザインも豊富ですが、キッチンの中の収納パーツの種類の多さは世界一です。扉が閉めてあれば、壁のように静謐《せいひつ》なキッチン。その扉を開けると、家族が日々何を食べて、どんなお皿を使っているか、食卓の風景が見えてくるほど、中が充実しているのです。重く大きなお鍋をいくつ入れてもなめらかに動く引き出し、積み上げたお皿が倒れないディッシュラック、スパイスのボトルがぴったりと収まるボックス、缶詰や粉類がたっぷり入る背の高いトールパントリー…。

その理由は「ドイツ人のキッチンづくりはウィッシュリストづくりからはじまる」からだそうです。それはまさにわが家のあり方の整理。家族が何人いて、毎日何を食べているか。お鍋やお皿、スパイス、ストック食材はどうしますか。どこにあるのが便利なのか。合理性を重視し、無駄のない暮らしを好むドイツ人のウィッシュリストは延々と続く、とドイツのキッチンプランナーはいっていました。

要求の多い顧客に応えるため、これまた真面目なドイツのキッチンブランドは膨大な量の収納パーツを用意して、応戦します。そのためキッチンの中に組み込む収納用の金具やシステムの専門メーカーが発達し、いまだにこの分野もドイツが世界一です。

納得できる理由はいくつでも見つかる

一体何のためにそこまでリストが長いのか。その答えは実に明快でした。

「友人や家族と過ごすゆったりとした時間を生み出すためよ」

キッチンを効率化し、平日の家事の無駄をなくすことで、小さなゆとり時間が積み上がる。仕事がはかどり、長いバケーションが取れる。週末をキッチンの掃除で使わなくてもすむように、普段から整理しやすく、きれいに保てるキッチンがドイツのデフォルトです。同時に家具と調和するデザインなので、休日は家族や友人がそのままキッチンで過ごせます。居心地のよい空間の中で、一緒に料理をつくって楽しみます。

私自身もイースターや誕生日など、ドイツでのお招きの時間の中で、大きなオーブンからたっぷり料理が出てきて、どこに入っていたの？　と思うような大皿、小皿、カップ＆ソーサーまでのディナーセットがテーブルに並べられ、食後はすべてが食器洗い機に吸い込まれていく。そんな魔法のような時間を何度も体験しました。

すっきりとしたハンドルレスの扉もドイツが発祥ですが、シンプルでどんなインテリアにもなじむこと、扉の拭き掃除がしやすいこと、タイムレスなデザインであることと、だから長持ちするということ。それぞれのパーツの合理的な理由といったら、ドイツ人に聞けばいくらでも答えてくれます。家電もキッチンにすっきりビルトインするので、空間の凸凹がなくなり掃除も簡単です。

さらにドイツのキッチン本体は構造がとても頑丈。将来、使い勝手が変わったとき、デザインを変えたいとき、引っ越したいとき、分解、組み立て、収納パーツや扉の交換に、対応できるように、人生の長さを見越した視野でシステム化されているからこその、システムキッチンなのでした。キッチン家具は新婚向けの〝ビギナーモデル〟から、建築と一体化する重厚な〝終のすみか〟タイプまで、ライフステージ別に製品群が分かれているのも、ヨーロッパで知ったことでした。

見た目は直線的でシンプル。その中にパーソナライズした機能がギュッと詰まっている。ドイツのキッチンには日本人との精神性の共通点も感じます。

私らしさを表現するイタリアキッチン

ドイツと並ぶインテリアキッチン大国になっているのが、イタリアです。イタリアは家具とデザインの国。ファッションでも車でも靴でもバッグでも、イタリア人の職人魂と美意識は、世界屈指のものだと思います。

特に最近は、キッチン扉やワークトップの素材感を豊かに広げ、キッチンのインテリア化を推し進めているのは間違いなくイタリアのブランドです。これらは毎年4月にイタリア・ミラノで行われる世界最大の家具見本市「ミラノサローネ」で発表されますが、イン

From Europe

Background

テリアキッチンに特化したキッチンメーカーが200社以上も集まります。芸術の国、デザインの国ゆえに、そのレベルはすごい。特に最近は、素材のバラエティが日本では想像もつかないほど広がっています。

例えばキッチンの扉。木でもさまざまな樹種があり、濃淡さまざまな木目とその流れ方の組み合わせで生まれる、新しい木の表情。塗装でも日本にない淡いグレーやベージュ、アースカラーなど微妙なニュアンスカラーの数々。木や塗装だけではありません。無垢の天然石を薄く切り出したもの。細い框のガラス扉、リネンやシルクのような織り地模様、漆喰のような塗材やモルタルやセメントの色合い…。さらにキッチン扉にイタリアの工芸美を生かしたものもあります。精緻な鍛金細工や天然石のモザイク、絵柄が刻まれた木《もく》彫《ちょう》、石や木の象眼細工。アクセサリーのように、キッチンに取り入れるのです。

石の国イタリアではキッチンにマーブル(大理石)やグラナイト(御影石)を使うのも一般的。天然石ゆえに産出地で変わる表情があります。斑の色や紋の流れ方。白い石に淡い金色の筋模様が走っていたり、緑がかった漆黒の石。日本ではお目にかかれない石ばかりです。このようにミラノの見本市では書ききれないほどキッチンの素材に出会います。そこで感じるのは、自分の美意識をこんなにキッチンに込めていいんだ、というインテリアキッチンの哲学のようなことでした。

「マテリアルミックス」と「ハルモニア」

こういった素材がここまで豊富なのは、イタリアのインテリアやキッチンのベースは「マテリアルミックス」にあるからです。例えばキッチンづくりではゴールドがかった扉に黒のワークトップ、白い大理石のワークトップにキッチンキャビネットは明るい木目など、家具のトレンドや自分の好きな服装と調和させながら、素材選びを楽しみます。その中でのキーワードは「ハルモニア」(調和)。どんなに高級なものを選んでも、自分らしさと調和していなければ、美しくない。そんな美意識の高さがイタリアにはあります。料理の機能に関しては、とにかく新鮮な食材に恵まれた美食大国のイタリアなので、家庭では料理そのものに凝らなくても、素材を生かせるシンプルな調理ができれば十分と話す人もいました。

またそれを使いこなすイタリアの女性たちがすごい！　イタリアの女性が好むのは「ミックススタイル」。家の中が美術品やヴィンテージ、デザイン家具などさまざまな要素で彩られるのがイタリア。その中でキッチンが空間と対峙するためには、確かに素材の表情豊かな「強めのキッチン」がふさわしいでしょう。とはいえ取材でミラノのハイエンドな住宅にうかがうと、ファッショナブルなマダムが登場するのですが、なにより本人の「自分らしさ」が際立っているため、どんなにすごいキッチンや家具でも、霞んで見えてしまうこともありました。

ちなみにドイツでもイタリアでも、みなさん豪邸に住んでいるのかといえばそうではありません。大都市の小さな集合住宅に住んでいる場合もあります。その場合も、狭いからこそ、インテリアキッチンなのです。家具とキッチンの距離が近く、水回りが住まいのメインゾーンにせり出してくる。だから家具仕立てのデザインが効果的。これは日本のリノベーションでも活用できそうな発想ですね。

日本にインテリアキッチンはなじむのか？

日本のキッチンでも30年前から、こういったヨーロッパのシステムキッチンをお手本にした、さまざまなキッチン製品がつくられてきました。残念なことに長寿命な製品思想があまりないため、せっかく開発された商品も、すぐに廃番になり、浮き沈みの激しい時代がありました。日本の家庭は本来、丁寧に暮らしを楽しみ、家事にも手を抜かない真面目な国民性でしたが、便利、安い、汚れない壊れないと追い立てるように売られてきた住宅や設備製品に、魂を抜かれてしまった気がします。

いま日本でインテリア志向のキッチンは個人の会社からメーカーまで、小規模な会社で

From Europe

Background

ある場合が大半です。売る側も買う側も手がかかり、考える時間も予算もそれなりに必要な製品です。どうしても憧れを実現したいと願う人に見つけられ、育てられ、日本のインテリアキッチンもやっと根づきはじめています。ちなみに私自身は広がってほしいという想いと、違いがわかる人、価値を理解できる人だけのものであってほしいという葛藤もあります。

日本の台所からはいつも湯気と油の匂いがしていました。

コトコト、トントン、ジュージュー。

野菜や鍋が雑然と置いてあって、日本のお母さんはいつも忙しそうでした。そのにぎやかな音やお茶の間に流れてくる匂いは、いつでも家族の胸をどきどきさせてきました。料理の音や匂いでいっぱいだった日本の台所を、立ち並ぶマンションに、建て売りの住宅に押し込めたとき、音や匂いは邪魔ものになりました。日本のキッチンは料理のライブ感を不満点ととらえて、匂いも音も汚れも制御できる「製品」として発展していきました。汚れないこと、家事がしやすいこと、ものがたくさん入ること。それを見せない間取りであること。それがいまの日本の一般的なキッチンです。

けれども世の中が変わり、女性も男性も等しく社会に出て、ものの流れもつくる料理も人の集まり方も変わったとき、日本のキッチンも変わりはじめました。キッチンの間取りは壁がなくなり、部屋として広がりはじめました。食器洗い機やクックトップ、レンジフードなど設備機器の機能は進化して家事を助け、キッチンキャビネットのデザインの選択肢は豊かになりました。キッチンの空間がオープンになり、家族や友人が集まれるようになりました。家具やお気に入りのものが見える景色の中で、インテリアと一緒に考えるキッチンの意識が高まっています。

インテリアキッチン——家具のような素材感、建築のような佇まい、日本にも確かにあったはずの空間への美意識を伴って、日本のキッチンにはいままた、料理の音や匂い、笑い声が戻ってこようとしています。

From Milano salone

INSPIRATION

ミラノの見本市で見た
素材感豊かなキッチン

Minotticucine

ernestmeda

Dada

Euromobil

Arclinea

Valcucine

Cesar

GERMAN KITCHEN
REFLECTING MY LIFE EVENTS

My REAL KITCHEN／13

Mayumi's Kitchen

Kitchen:
German kitchen

Brand:
SieMatic

Architect:
Atsuhisa Tashiro

Location:
Kanagawa

“人生が詰まっているようなキッチン”

来客が多いことを考え、広いＬ型のキッチンに。黒いワークトップは〝デクトン〟という強化ガラスの特性を持つ手触りのよい素材を選んでいます。キッチン壁面にはハンギングレールシステムで吊られたペーパーホルダーやスパイスラックを。吊るシステムは下が空くので調理スペースが広く使えます。

Timeless kitchen made in Germany

20年使い継ぐドイツキッチンの物語

家を建て直すことになって、真由美さんの心は揺れていました。20年前に建てたときから使っているキッチンは、ドイツ・ジーマティック社のキッチン。当時人気だったビビッドカラーの黄色のキッチンはキャビネットも頑丈。天然石のワークトップもまだ輝きを失いません。一方で、いまはシックでモダンなインテリアに心惹かれていることもあり、オーダーメイドで一新するのもいいかも…と迷いました。

当初システムキッチンという言葉は、ドイツで生まれました。それは表面的な組み合わせではなく、何十年も使い続けることを本気で考えた〝システム〟なのです。キャビネットが頑丈で歪まないので、扉だけを最新のデザインに変えることもできます。

――迷いながら同じブランドを使い続けようと決めた理由はなんですか？

「やっぱり毎日の使用感ですよね。20年使っても、引き出しは一切がたつきませんし、収納もしやすい。ドイツ製品の堅牢さが使うたびに伝わって、愛着が残りました」

――ドイツではキッチンを引っ越しのたびに持っていくほど、長く使い続けるものです。

「新築にあたってジーマティックの取扱先に相談すると、ドイツのキッチンは何十年経ってもその時点の製品と組み合わせられる長命なシステムです、元のキッチンも生かしてプランしませんかと提案されました。使い継ぐことができるなんて、素晴らしいことです。さらにラッキーなことに、設計中は元のキッチンを倉庫に預かってもらえました」

――日本ではまだまだ珍しいことです。

「新しいキッチンと元のキッチンを、背中合わせにドッキングしたプランになりました」

――新しいキッチンのデザインにはどんな希望を出しましたか？

「モダンなシリーズから選びました。メインキッチンはオーク材のカウンターに白の扉材、

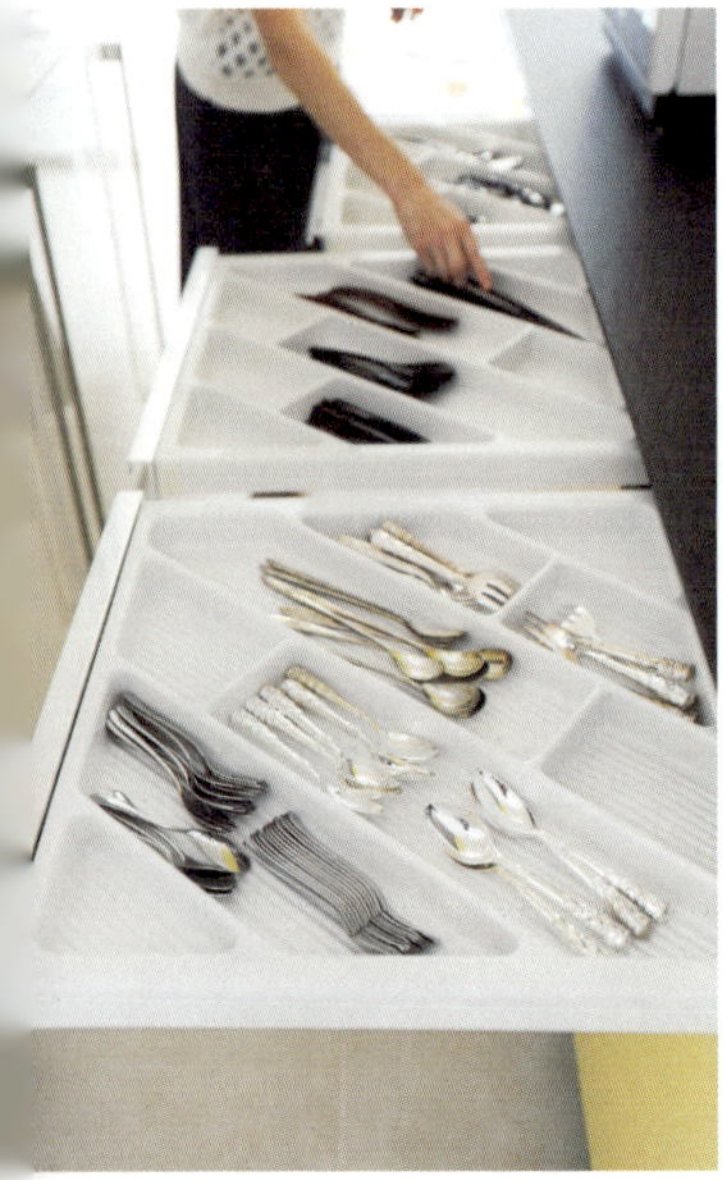

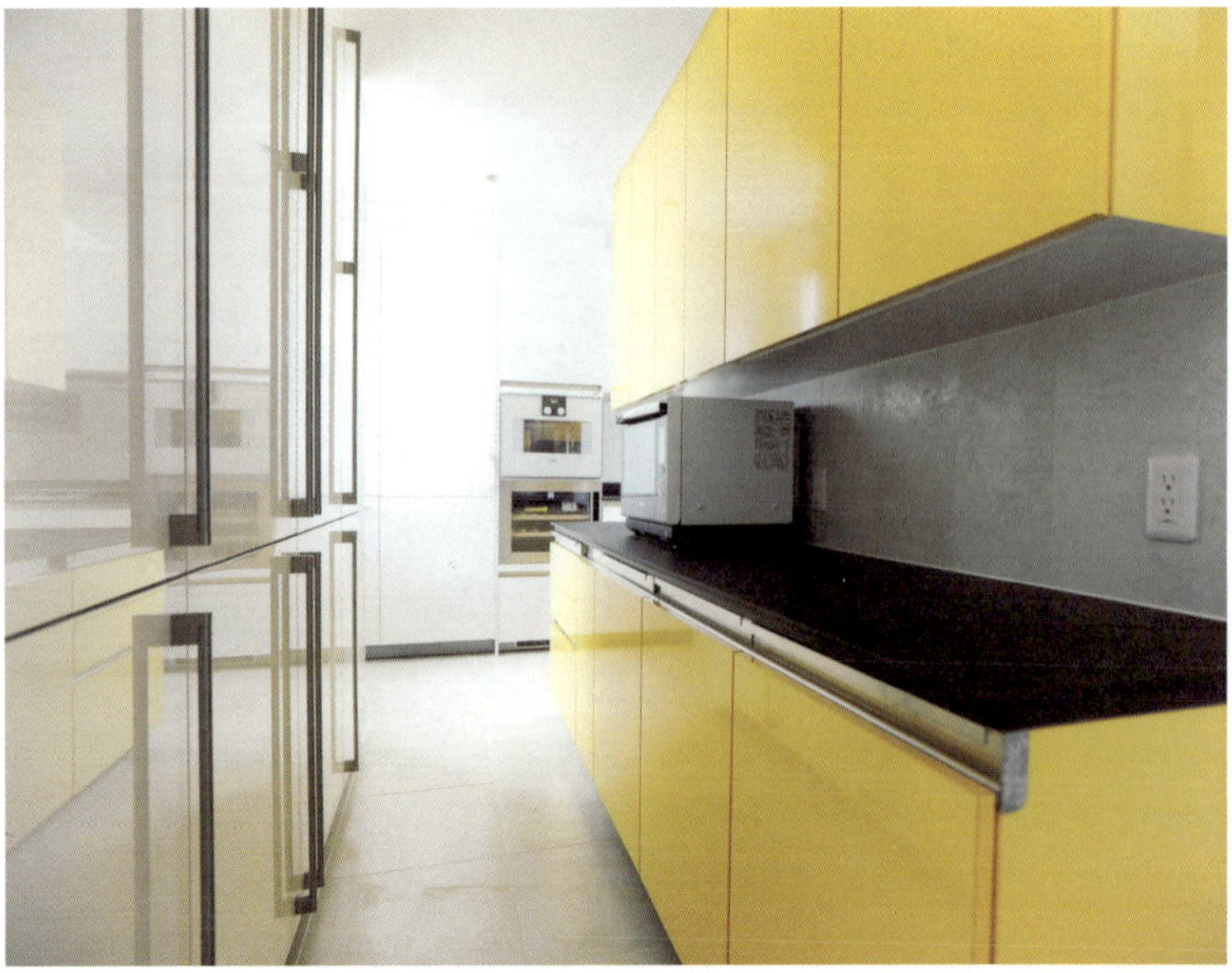

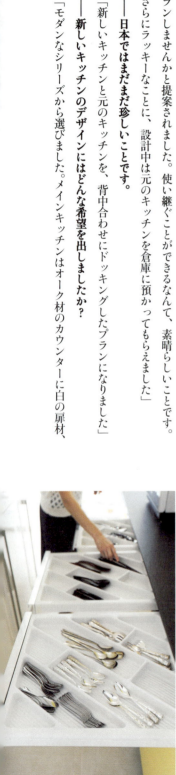

黒のワークトップで、以前とはガラリと変えたシックなイメージです。ところが以前のキッチンと新しいキッチンのデザインに違和感がなく、時を超えてぴったりきました」

――海外製のキッチンでも、使い勝手は日本流にアレンジできます。どんな機能を落とし込んだんですか？

「夫が大の釣り好きなんです。20キロ級のマグロといった大物から山ほどの青魚、鯛まで、魚は買ったことがないほどです。男性陣がキッチンで魚をさばけるように、幅1mのビッグシンクを特注しました。深いシンクでは魚の鱗取りもできます。濡れた手で吐水できるように、水栓金具はタッチレス水栓。処理した魚もたくさん出ますから、大型冷蔵庫を2台備えています」

――一般的にドイツキッチンは収納システムが充実しています。多すぎるほどですが、うまく活用できましたか？

「ジーマティックのキッチン専用の収納パーツがたくさんあり、選ぶのが楽しかったです。スパイスジャーも専用のデザインで、それが引き出しの中にぴったり収まって気持ちいいです。扉の裏のわずかなスペースを活用できる仕組みもあって、ふきん掛けやレシピを貼れるボードなどを活用しています。ほかにはキッチン壁面にハンギングできるパーツや各種の引き出しなど、すべて統一感があります」

――収納のパーツは市販のものを使う方もいますが。

「ジーマティックの場合は、小さなパーツまでキッチンデザイン全体の流れとそろっていて、細かいところまで完成度が高いんです。イエローのキッチンのカトラリー収納は20年前のデザインですが、いまだに使いやすいんです。海外ブランドのキッチンを使う意味はそこにあるような気がします」

――真由美さんにとってキッチンはどんな場所ですか？

「夫の釣った新鮮な魚を料理してみんなで飲んで食べて、分かち合って、ずっとわが家でビストロを開いていたような感じです。新しいキッチンではそんな経験をプランに生かせましたし、昔のキッチンの記憶もつなげられるものになりました」

INFO

:KITCHEN

SieMatic（ジーマティック）
ジーマティック青山
TEL 03･5785･4300
https://www.
siematic-japan.com

ITALIAN KITCHEN
FOR URBAN FAMILY

My REAL KITCHEN／14

Giulia's Kitchen

Kitchen:
Italian kitchen

Brand:
Dada

House:
Renovation

Location:
Milano, Italy

「廊下には1991年のモルテーニ社の収納家具。クラシック建築の中に食器を収めたような、美しい景色を見せてくれます」(ジュリアさん)。フリースタンディングキャビネットには家電をまとめて(写真左)。

Milanese's way of kitchen

都会暮らしのファミリーはミラノスタイルで

イタリア・ミラノ。東京のように忙しい都市で、弁護士と家具ブランドに勤めるファミリーが暮らす都心のマンションです。忙しいからこそ、キッチンが大切と家具のようにつくったキッチンです。3人の育児に奮闘しながら、仕事で海外を飛び回る日々。ジュリアさんの毎日を支えるのは、夫婦で改装計画をしたわが家です。「特にキッチンは長くいる場所」と選んだのはイタリア・ダーダ社のキッチンです。「家具で好きな素材や色をキッチンにも取り入れる。これがミラネーゼのスタイル」と話してくれました。

何より目を引くのは、アイランドキッチンのワークトップです。インテリアでも人気のある、美しい紋の流れるホワイトマーブルです。ここが家族のテーブルにもなります。壁側のキッチンはシンクとコンロなど調理の機能をまとめ、ユーカリ材の吊り戸棚が空間デザインのアクセントになっています。

「朝食はキッチンで子どもたちと会話をしながら食べます。冷蔵庫から美味しい食材を出して、食後は食器洗い機に入れるだけ。動線がスムーズなので、忙しくてもきれいにしておけます。家族、仕事の両立には調和が必要です。家をリノベーションしてからストレスが減りました」と微笑みます。

INFO

:KITCHEN

Dada（ダーダ）
ダーダ東京
TEL 03-3400-3327
https://www.moltenigroup.com

FRENCH KITCHEN
STORY TELLER

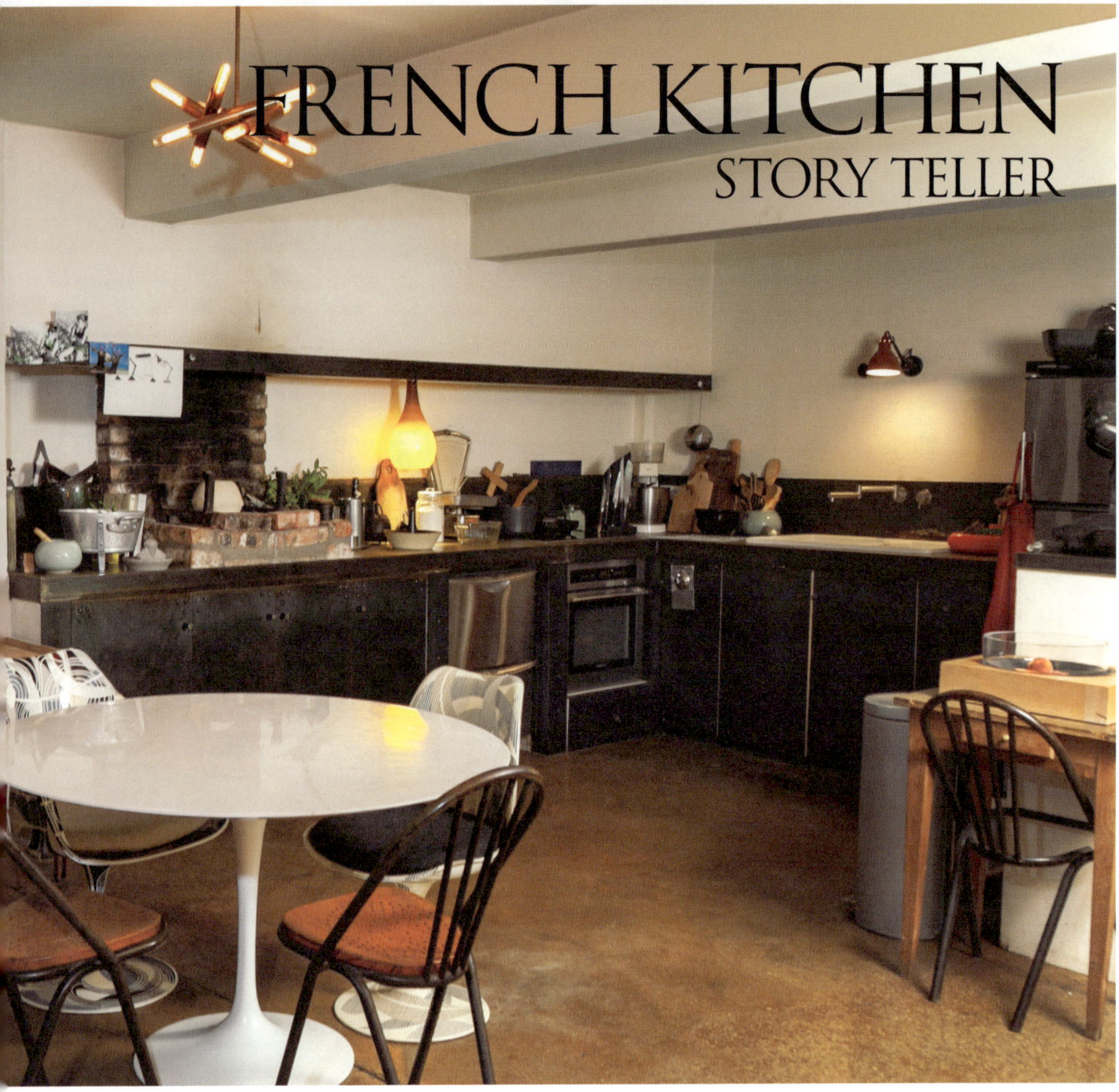

My REAL KITCHEN／15

Isabelle's Kitchen

Kitchen:
Carpenter-made

House:
Renovation

Location:
Paris, France

ダイニングテーブルやチェア、照明などは往年の名作デザインのヴィンテージを選んでいます。新旧のミックススタイルのインテリアは、いかにもパリの女性らしい住まいでした。

My tools tells "art de vivre"

"道具が語る"パリのキッチン

イザベル・マテスさんが住むのはパリの古い映画館を改装した、集合住宅の一室。仕事は生活用品やインテリアにかかわるプロデューサーです。そんな彼女のキッチンは、一見とても無骨な印象でした。鉄のようなキッチン扉は、工場で釘を整頓するため使うシェルフがをヒントにデザインしたそうです。ワークトップは、鉄のフレームにモルタルを流し込んで固めたもの。その一部は耐火レンガを積んだ暖炉になっていて、冬はキッチンの上で直火をどんどん燃やすのです。日本では考えられないダイナミックなキッチン！

食器洗い機は上下2段の引き出し式。クッカーはＩＨクッキングヒーター。キッチン空間はアナログな雰囲気なのに、設備はきちんと便利なものを入れています。ヨーロッパの人らしい合理性と、母として家事をこなす彼女の人柄が垣間見えます。

長女がひとり暮らしをはじめるときに、母娘は一緒に生活道具を選びました。「ママがキッチンで使ってきたものを、私も使いたい」。娘の感じていたことは正解でした。ピーラー、ナイフ、お鍋…何十という製品を試し、手元に残った道具だけがキッチンにあります。

生活と美食を愛し、本物に対して妥協がないフランス人たち。そのひとりであるイザベルさんのキッチンは、自身が選んだ生活道具があってこそ完成するのです。

INFO

イザベルさんのサイト

Malle W.trousseau
https://www.
mallewtrousseau.com/

人生を変えるインテリアキッチン

For you

あとがき

自分自身に立ち返ったみなさんの心の軌跡

本書は2012年に立ち上げた、『リアルキッチン&インテリア』というムックの取材のエッセンスをまとめたものです。その原動力となったのは、取材で訪ねたお宅のみなさんの言葉でした。どのお話も、ノウハウでもないルールでもない、人生に通じるセオリーに貫かれていました。

そのセオリーは生活の現実、家族それぞれの好きなこと、解決したい問題点、そして時間や予算など、考えなければならないことがたくさんあり、ぶれそうになる中で、自分自身に立ち返ったみなさんの心の軌跡から生まれたものです。これからキッチンをつくる人、住まいを考える人の気持ちに寄り添う真実がそこにはあります。一般にインテリアの本は実例の数や写真を多く掲載することが求められるのですが、私はまず心にセオリーを持たなければ、どんなに情報があっても、実現に行き着くことができないのではと考えました。そういった意味で、本書はノウハウ的な情報は少ないかもしれません。でもこれは私のひとつの試みです。

日本ではインテリアキッチンは、なかなか一般に認知されてきませんでした。ヨーロッパでインテリアを楽しむようにキッチンをつくっている様子や、美しいキッチンの情報や写真を手に入れても、日本のメディアでは「日本では買えないから」「一部の富裕層のもの」「現実的ではない」と取り上げてもらえませんでした。そこで自分ですべてやってみようと立ち上げたメディアが「リアルキッチン&インテリア」でした。

生みの親でもある小学館の小林慎一郎さんは、男性ゆえの目線なのでしょうか、企画を話しているとき、「世界にそんなにいいキッチンがたくさんあるんだったら、読者にどんどん見せちゃえよ」と感情豊かに、盛り上げてくれました。その言葉に自信を得て、自分のアンテナに感じたキッチンブランドを紹介し、ときには国内から海外まで本社を訪ね、実際にキッチンを使う人を訪ね、多くのインタビューを重ねました。

取材ではドキュメンタリーな感動を大切にしたいと、信頼できるフォトグラファーと気持ちを合わせて、その人らしい瞬間をありのままに切り取ってきました。そしてデザインも、長く手元に置かれる本として、みなさんの考える時間に寄り添えるように、アートディレクター宮本理希さんの直感と知性が交錯するようなデザインワークが、大きな役割を果たしています。

そして日本でも多くの人がインテリアキッチンの新しい考え方を得て、憧れを育んでいったのです。バックナンバーを振り返り、あまりにもタイムレスなキッチンが多くて、改めて驚いてしまいました。その事実がインテリアキッチンの魅力をなによりも証明していると思います。

そして7年間のバトンを受け取り、併走していただいているディレクターの宮澤明洋さんに感謝を捧げたいと思います。

2019年6月　キッチンジャーナリスト　本間美紀

STAFF CREDITS

PHOTO CREDITS 【写真クレジット】

映画のようなドラマチックなシーン、建築とキッチンの美しい骨格、
住む人のリアル、そのすべてを切り取りたい。
そんなよくばりな取材の想いにこたえてくれた
素晴らしいリアルキッチン・フォトグラファーズに感謝を込めて。

Cover／岡村享則

Tool freaks／岡村享則
Wonderfully together／金子美由紀（Nacasa&partners）
Peaceful place／岡村享則
Industrial chic／大塚紘雅
Crafted by nature／白谷賢
My days at home／白谷賢
Allure of light／金子美由紀
Place of the morning sun／岡村享則
Welcome home／今井義朗
Taste maker／金子美由紀
Cherishing house works／白谷賢
Always with organic foods／根田拓也
German kitchen reflecting my life events／岡村享則
Italian kitchen for urban family／木村金太
Story teller‐French kitchen／水島優

プロローグ／岡村享則（リアルキッチン&インテリアの誌面より）
各章扉／岡村享則（2018年ミラノサローネの取材の撮影より）

EDITORIAL DESIGN TEAM

【アートディレクション】
宮本理希（Dynamite Brothers Syndicate）

【デザイナー】
工藤真由美　前川亮介

REALKITCHEN&INTERIOR ウェブサイト

https://realkitchen-interior.com

COVER STORY 【表紙について】

「REALKITCHEN&INTERIOR season5」(2016)の表紙となった写真から。オーダーキッチン会社・リネアタラータのロフトにある秘密のキッチン。印象的な照明はイタリア・フロスの「ICライト」。本の素材感はワークトップの材料として人気のクォーツストーン「シーザーストーン」からセレクション。

本書の内容は2012年〜2017年まで発行のムック「REALKITCHEN&INTERIOR」(本間美紀/小学館)をベースにまとめたものです。取材時点での事実関係を尊重、優先の上、加筆修正しています。

【著者紹介】

本間美紀　Miki Homma

キッチンジャーナリスト。早稲田大学第一文学部卒業後、インテリアの専門誌「室内」編集部に入社。独立後はインテリア視点からのキッチン、家具、住まい、家電、キッチンツールまで、デザインのある暮らしの取材を得意とし、住宅の取材は300件以上。ユーザーとメーカー、両サイドからのインタビューを重視し、ドイツ、イタリア、北欧など海外取材も多い。セミナー活動も多数。著書に「リアルキッチン&インテリア」(小学館)、「デザインキッチンの新しい選び方」(学芸出版社)。

人生を変える
INTERIOR KITCHEN
夢をかなえるセオリーと
15のストーリー

2019年7月2日　初版第1刷発行

著者　本間美紀
発行人　水野麻紀子
発行　株式会社 小学館
〒101-8001
東京都千代田区一ツ橋2-3-1
電話　編集　03·3230·5890
販売　03·5281·3555
印刷　凸版印刷株式会社
製本所　株式会社若林製本工場

ISBN 978-4-09-310894-2

販売　平 響
制作　松田雄一郎
資材　星 一枝
宣伝　井本一郎
編集　宮澤明洋